新装版

トップ1割の教師が知っている

「できるクラス」の育て方

吉田忍・山田将由 編著

学陽書房

新装版まえがき

「どうしてあの先生の言うことだと、子どもは聞くんだろう？」
「なぜ、あの先生のクラスの子はきちんとしているんだろう？」
　そんなふうに気になったことはありませんか？

　私は多くの企業や、学校の先生たちに、「コーチング」という新しい教育の方法を伝える仕事を行ってきました。
　そして、クラスがうまくいっている先生、素晴らしい授業で有名な先生など、さまざまなすぐれた先生方の関わり方を見せていただきました。**そこでわかったのは、すぐれた先生たちは、自然に「コーチング」の手法を、クラス経営で使いこなしているということです。**

　コーチングは、人のやる気やアイデアを引き出し、自分自身の力でより早く目標を達成させるための方法です。
　この本は、すぐれた先生たちが自然に行っている「コーチング」という教育の手法を、学校現場で誰でもすぐに取り組めるよう、わかりやすくまとめたものです。
　近年、教師が子どもの学びのサポート役であることが強調され、コーチングが注目されるようになり、改めて新装版として本書が出版される運びとなりました。

　これまで教育とは、正しい方法を言われたとおりにやらせること、と捉えられがちでした。
　コーチングは、本人が課題を自分で見つけ、そして、本人が、自分で解決することを支援する、新しい教育の方法です。
　人を育てるとき、言われたとおりやらせることは、もちろん大事なことです。しかし、クラス運営などの場面では、実際にはコーチングを使うほうが、子どもたちのやる気を引き出すことができ、教師と子

どもの関係がよくなり、クラス運営がうまくいくようになります。

　本書では、第1章で、コーチングの考え方をまずお伝えします。

　私が教育コーチとして、学校の先生たちにコーチングをお伝えしてきた経験から、わかりやすい具体例を交えて、コーチングの考え方をご紹介しています。

　そして、本書の第2～5章は実践編になります。

　学校の現場で具体的にどんな実践をするとよいのか、うまくいった実践例を、小学校教諭の山田将由先生がたくさんご紹介します。

　子どもたちの自発性を引き出すための話し合いのコツ、授業のつくり方、行事の取り組み方など、多くの具体的な事例があります。ぜひ、自分のクラスに取り入れていただければと思います。

　加えて、各章で、7人の素晴らしい先生方の実践例をご紹介します。

　さらにこの本を実践に生かしていただくポイントは、2つです。

　1．「すぐできそうだな。」と思うことから実践すること

　2．トライアンドエラーを繰り返すこと

　この2つは、多くの実績を上げてきた方々が必ずやっていることです。この本を通じて、よりよいクラスづくりための一歩としてお役に立つことができたら、こんなに嬉しいことはありません。

　末筆ながら、共著者の皆さん、本書の制作にご尽力いただいた編集の山本聡子さん、イラストの内野しんさんに心より御礼を申し上げます。この方々の学校教育に向けた想いのおかげで、本書を生み出すことができました。心より感謝申し上げます。

子どもたちの未来のために

教育コーチ

吉田　忍

こんなことで困っていませんか？

◎子どもたちが教師の言うことを聞かない。
　教師の言うことに反発する子が多い。

◎クラスにまとまりがなく、子ども同士がバラバラ
　で、何かを一緒にやろうという意欲が見られない。

◎なんでも教師に聞いてくる。自分で考えない。
　なんでも人のせいにする。

◎子どものやる気のなさにイライラする。
　指導する側にもストレスがたまっている！

教師がコーチングを使うとクラスがこんなふうに変わります！

◎子どもが教師の言葉に耳を傾けるようになる！

◎クラスの雰囲気がよくなり、
　子ども同士のつながりが生まれるようになる！

◎子どもが自分で考えて行動を始める！
　自分の問題の責任をとるようになる！

◎子どものやる気がぐんぐん出てきて、
　教師も子どもと話すのが楽しみになる！

コーチングってなに？

　何か問題が起こったとき、いままでの指導は、多くの場合、教師が正しいことを教えて、子どもに言われたとおりにやらせるものとされてきました。
　もちろん、この指導をうまくやれることも大事です！

でも、コーチングを使うときは、子どもの話に耳を傾け、質問し、子ども自身がどう問題を解決したいか考えさせます。
　子どもたち自身が自分で何をやるのかを決めたり、目標を決めたりすることを「サポート」するのが教師の役割になります。

「コーチングを使ったら、子どもとの関係がよくなった！」「クラスがうまくいくようになった！」という声が、数多く寄せられています！

コーチングは「できるクラス」「考えるクラス」を育てます！
この本1冊で、コーチングをクラスでうまく使う方法が、すぐにわかります！

新装版　トップ1割の教師が知っている「できるクラス」の育て方　●　もくじ

新装版まえがき― 2

第1章　コーチングで、クラスがうまくいく！

1 コーチングでクラスがうまくいく！― 14

2 子ども自身に決めさせるほどやる気になる！― 16

3 効果的な質問が子どもたちを動かす！― 18

4 よい質問は子どもを育て、クラスを変える！― 20

5 教師のふるまいで安心感をつくる！― 22

6 子どもは「認められている！」と思うと
やる気が出る！― 24

7 さらに子どものやる気をアップさせるほめ言葉― 26

8 子ども同士の間にも信頼関係をつくっていくために― 28

9 目標設定が子どもたちを自立させる― 30

実践した先生の体験から

行動の遅かった子どももコーチングで変わった！― 32

コラム　コーチングの3原則― 34

8

第**2**章 **クラスの雰囲気がみるみる変わる、コーチングのワザ！**

コーチングはクラスを変える！— 36

1 朝の２分間で子どものモードが変わる！— 38

2 クラスの問題行動がどんどん消えるワザ！— 40

3 子どもとの関係がよくなるちょっとしたコツ！— 42

4 クラスの問題点がみるみる変わるワザ！— 44

5 班をやる気にあふれるチームに変える方法！— 46

6 子ども同士のつながりをつくる、ほめ合いタイム！— 48

7 子ども同士がもっとつながるチャンスづくり！— 50

8 クラスの話し合いの納得度を上げるワザ！— 52

9 子どもが自分で問題点に気づくようになる方法！— 54

10 学級目標を子どもとつくるとクラスが本当に変わる！— 56

実践した先生の体験から
高学年に対するコーチング実践で子どもが変わった！— 58

実践した先生の体験から
「よくできた瞬間」の写真で子どもたちが変わった！— 60

コラム　コーチングでなぜ行動が変わるのか？— 62

9

第3章 コーチングで、授業も変わる！

1 子どもに授業のめあてをつくってもらおう！ — 64

2 まず、子どもの「聞く耳」をつくろう！ — 66

3 アンケートで授業をどんどん改善しよう！ — 68

4 発表を子ども自身が改善するようになるワザ！ — 70

5 できないことをできるようにするコツ — 72

6 課題を子ども自身に見つけさせるコツ — 74

7 整列・移動が見違えるように変わる！ — 76

8 授業で一番大事なのは「振り返り」です！ — 78

実践した先生の体験から **子どもも教師もストレスなしの楽しい毛筆書写** — 80

コラム　コーチングの歴史 — 82

第4章 こんな場面も、コーチングでうまくいく！

1 運動会の練習に子どもが一所懸命にならないときは？ — 84

2 学習発表会の準備で子どものやる気がないときは？ — 86

3 遠足に行くときなどの事前指導がだらけるときは？ — 88

4 子どもたちが新しいことに挑戦したがらないときは？ — 90

5 給食当番の引継ぎで混乱が起こりがちなときには？ — 92

6 ▶ 子どもの忘れ物が続くときには？― 94

7 ▶ もっとうまく子どもを叱りたいときには？― 96

8 ▶ 次の問題行動を防ぐ叱り方とは？― 98

9 ▶ ケンカの指導にも使える「ポジションチェンジ」― 100

10 ▶ 子どもや保護者からの苦情を受けたときは？― 102

実践した先生の体験から **ティーチングからコーチングの個人面談へ**― 104

コラム　目的を明確にする― 106

第**5**章　**教師のための、コーチング仕事術！**

1 ▶ 多忙感で仕事がうまくいかないときには？― 108

2 ▶ 忙しいときにもうまくマネジメントできるコツ― 110

3 ▶ さらに高い目標を達成するためのコツ― 112

4 ▶ 同僚のグチも建設的な会話に変えるコツ― 114

5 ▶ 対話型にすると研究会も変わる！― 116

6 ▶ タイプ分けで同僚との関わり方がラクになる！― 118

7 ▶ 職員室を変革していきたいときには？― 120

実践した先生の体験から **先生同士の関係づくり**― 122

実践した先生の体験から **将来のビジョンを持つことで新たな夢が！**― 124

あとがき― 126

※本書は『トップ1割の教師が知っている「できるクラス」の育て方』
（2014年）の新装版として出版したものです。

第**1**章

コーチングで、クラスがうまくいく！

1

第1章 コーチングで、クラスがうまくいく！

コーチングでクラスがうまくいく！

⬡ コーチングでなぜクラスがうまくいくの？

　教師であれば誰でも、「子どもたちにやる気になってほしい」「自分で考える子になってほしい」「クラスがまとまってほしい」と願っていると思います。

　コーチングは、まさに子どもたち一人ひとりのやる気を引き出し、子どもが自分で考えるようになるコミュニケーションの取り方です。

　そして、教師がコーチングの考え方を取り入れると、クラスの雰囲気がよくなり、みるみるクラスがまとまるようになります。

　どうしてそんなにコーチングでうまくいくようになるのか？

　それは、コーチングが「双方向性」のコミュニケーションを大事にしているところに、秘密があります。

⬡ 双方向性のコミュニケーションがやる気を引き出す！

　たとえば、クラスの目標を決めるときも、

「明るく元気で助け合うクラスにしよう。」

と、先生が一方的に決めるのではなく、

「みんなはどんなクラスにしたい？」

と子どもに問いかけて引き出すことで、双方向性のあるコミュニケーションをつくります。

　こうすると、子どもたちは、「先生に押しつけられた」と感じません。

そして、自分の意見を聞いてくれる教師に好感を持ちます。また、自分の言葉で語るチャンスがあることで、クラスの目標を「自分のこと」として捉えられるようになっていきます。

さらに、友だちの言葉もたくさん聞く機会があることで、お互いがどんなことを考えているかがよりわかるようになります。

結果的に、教師と子どもの関係がよくなり、子ども同士の関係もよくなります。

コーチングをクラスづくりのさまざまな場面に生かすことで、クラスがどんどんまとまるようになっていくのです。

ここが キーポイント！

クラスづくりは、子どもたちの意見を取り入れる双方向性のコミュニケーションを意識すると、うまくいく。

2 第1章 コーチングで、クラスがうまくいく！

子ども自身に決めさせる ほどやる気になる！

⬡ 子どものやる気を引き出す魔法

みなさんは「実は今クラスの○○ちゃんが…」と先輩教師に相談内容を説明しているうちに、「あっそうか、こうすればよかったんですね。」と自分で解決方法や新しいアイデアを見つけてしまったことはないでしょうか？

人は自分で言葉にすることで、考えがまとまり、新しいアイデアがひらめくものなのです。そして、人は誰の言葉よりも「自分自身の言葉」に説得されやすく、触発されやすいものです。人から言われたことより、自分で思いついたことのほうが、やる気がわくのです！

コーチングはこの「やる気」をたくさん引き出すための手法です。

もし、子どもたちのやる気を引き出したいのなら、**先生が、「どう思う？」「どんなことしてみたいの？」と問いかけ、子ども自身に話してもらえばもらうほど、子どもはどんどんやる気になります！**

⬡ 自分で考えて決めることが自主性を育む

たとえば、忘れ物をした子どもに、
「今度から忘れ物しないように、家で2回確認してみたら。」
とアドバイスをするより、
「どうしたら忘れ物をしないと思う？」と問いかけてみましょう。
子ども：「忘れないようにチェックするといいかなぁ。」

先生：「そっかぁ、じゃあ、いつ頃チェックするといいかなぁ？」
子ども：「寝る前にチェックするといいかも。」
先生：「そっかぁ、じゃあそれをやってみようか。」
というように、子どもたちは自ら解決策を見つけ出していきます。

　そして、この自分で決めた解決策は、不思議なぐらい行動に結びついていきます！

ここが キーポイント！

先生からアドバイスをする前に、子どもたちに問いかけることで、自主性を引き出してみよう。

3 第1章 コーチングで、クラスがうまくいく！

効果的な質問が
子どもたちを動かす！

自由に答えやすい質問が自主性を育む

コーチングの手法で、とても大きな意味を持つのが「質問」です。
上手な質問は、子ども自身の考えや、やる気を引き出す大きなカギになります！

大事なのは自由に答えやすい質問をすることです。「やるの？　やらないの？」のような「イエス、ノー」でしか答えられない質問は、圧迫感を感じて、自由に答えにくくなります。
反対に、「いつやろうか？　誰とやろうか？」と聞くと、子どもが自分の考えを話しやすくなります。このように「いつ、どこ、誰、何（なぜ、どのように）」と疑問詞を使った質問にすると、相手の自発性が引き出しやすくなるのです。

この質問の仕方を使うと、上手に子どもたちの考えを整理するお手伝いをすることができます。
たとえば、「先生、この問題どうやったらいいですか？」と質問をされたとき、すぐに答えを教えるのではなく、
「〇〇さんは、どうやって考えたの？」
「そこまで考えたら次はどうしたらいいと思う？」
というように、子どもたちの考えを整理するように聞いてみましょう。
最初は、うまく答えを見つけられないかもしれませんが、徐々に自

分で見つけ出せるようになっていきます。

「なぜ」ではなく「何が」に置き換えて質問をしてみよう

　疑問詞を使う質問は、相手の考えや気持ちを引き出すのに有効ですが、注意点が1つあります。それは、「なぜ（なんで）」を連発しないことです。

　たとえば、「なんで宿題を忘れたの？　この間、「忘れないように、チェックしてね。」と言ったよね。なんで言われたとおりにやらなかったの？」と言ってしまうと、「なぜ」の連発が相手に緊張感を与えてしまいます。こんなときは、「なんで」を「何が」「どうしたら」に変換してみましょう。

　たとえば、宿題を忘れた子どもに対して
先生：「宿題を忘れたみたいだけど、**何が**あったの？」
子ども：「連絡帳を書き間違えて、別のところをやってきちゃったんです。」
先生：「そっかぁ、範囲を間違えたのかぁ。それでも、別のところをやってきたのは偉かったね。次は**どうしたら**間違えないようになるかなぁ。」
子ども：「書いたものを隣の○○ちゃんに見てもらうようにします。」
先生：「なるほど、じゃあやってみようか。」
というように「なぜ」を「何が」「どうしたら」に変換することで、子どもたちが自分で解決できるチャンスを与えることができます。

ここが　キーポイント！

相手の気持ち・考えを引き出す質問や、「なぜ」を「何」に変換する質問で、子どもたちが自分で解決できるチャンスをつくろう。

4 | 第1章 コーチングで、クラスがうまくいく！

よい質問は子どもを育て、クラスを変える！

質問が子どもの力をぐんぐん育てる

　教師は子どもの前に立つと、常に「教えなければ」「導かなければ」というプレッシャーを感じると思います。

　しかし、よい質問を投げかけると、子どもたちがどんどん考えてくれて、子どもの自発的な行動も増えます。その分、教師の肩の力が抜けて、逆に子どもの力に感動するシーンが増え、どんどん教師と子どもとの関係がよくなります。

　よい「質問」はクラスを変える力があるのです。

　たとえば、子どもたちに「次にどうなる？」という質問を投げかけると、子どもたちが自分で先の見通しを立てて、何をしたらよいか考える力を育みます。

　たとえば、

　「お楽しみ会は、「どんな準備」をするとスムーズに進むかなぁ？」

　「この計画を立てたら、次に「どんな準備」が必要になると思う？」

　と**予測や準備を促す質問は、子どもの段取り力を育てるのにとても有効です。**

　ぜひ、いろいろなシーンで「次にどうなる？」と問いかけてみてください。

「具体的には?」が行動力を育む

　人は、イメージが具体的になると行動しやすくなります。
　たとえば、掃除の時間に「掃除を【しっかり】やります。」という子どもがいたとします。「具体的には?」と質問すると、子どものイメージが明確になります。

　先生：「【しっかり】って、具体的には、何をするの?」
　子ども：「ほうきで教室の隅から隅まで掃きます。」
　先生：「それから?」
　子ども：「うーん、雑巾がけもします。」
　先生：「なるほど、じゃあ、それでやってみようか。」
　子ども：「はい!」

　このように**具体的なイメージを引き出し、明確にすることで、「自分でやってみよう!」という意識が高まります**。もちろん先生の思ったような回答が出ないときもありますが、そんなときは、「○○についてはどう思う?」と新しい視点を与えてあげるのも1つの方法です。

> **ここが　キーポイント!**
>
> 「次にどうなる?」「具体的には?」は、子どもたちの自主性を育む魔法の質問。授業やクラス運営にたくさん使っていこう。

5 第1章 コーチングで、クラスがうまくいく！

教師のふるまいで安心感をつくる！

◉ 教師の態度やふるまいがクラスの雰囲気を左右する

　コーチングでは、さまざまな手法で、相手の考えややる気を引き出しますが、なにより大前提になるのが、お互いの関係で安心感を感じられるということです。
　コーチングでは、安心感をつくるために、どんな態度やふるまいをしているのかということも重視します。
　教師がどんなによい言葉かけや質問をしても、子どもの話を聞くときやクラスでの教師のちょっとした態度やふるまいが、子どもの安心感を壊してしまうこともあるので、注意したいものです。

◉ うっかりこんなことをしていませんか？

　私が行っている先生たち向けのコーチングのセミナーでは、どんな態度で話を聞いてもらうと、どんな感情を自分が感じるかということを、ロールプレイで実際に体験してもらいます。
　腕組みした状態で話を聞かれたり、ほかのことをしながら話を聞かれたりすると、嫌な気持ちになります。それをロールプレイで体験した先生たちからは、
「そういえば職員室で、「先生！」と話しかけられたとき、目線と身体が子どもたちに向いていなかったなぁ。」
「教室で机間巡視のときに、腕組みしながら回っていたなぁ。」
などの具体的な場面について反省する声をたくさん聞きます。

とくに対話の場面では、話すときの姿勢や向きなどはあまり意識しないケースが多いと思いますが、こういったポイントを一つひとつ意識していくことで、毎回のコミュニケーションがお互いの安心感を深めていくものになっていきます。

安心感を与えるちょっとした工夫とは？

　たとえば、**子どもたちの話すペースに合わせると安心感をつくり出しやすくなります。**

　子どもたちのペースに合わせるとは、たとえば、子どもたちの話すスピード、表情、話すときの立ち位置、目線の高さ、話すときの距離、話す場所などで、合わせるポイントはたくさんあります。これらを意識することで会話の中で共感できるポイントが増えて、先生と子どもとの間でお互いの安心感が深まります。

ここが キーポイント！

安心感をつくり出していくためには、クラスの中でも会話の中でも、共感できるポイントをたくさんつくってみよう！

6 第1章 コーチングで、クラスがうまくいく！

子どもは「認められている！」 と思うとやる気が出る！

◆ やる気を左右する「コップの法則」

コーチングでは、人が「認められている！」と感じているときほど、やる気が出やすいということから、相手を積極的に認めていくことを大事にしています。これを「存在承認」と言います。

人は、「自分はできる！」「自分はかけがえのない存在だ」と思う力が強ければ強いほど、やる気が増します。

そして、自分を肯定する気持ちが満たされているときに、初めて、周りに働きかけるやる気が出たり、思いやりを持って周りに接することができるようになります。

これはよくコップの水にもたとえられます。自分が大事な存在だと感じるその水量があふれるほどあれば、ほかの人のコップにも水を注ぐことができます。でも、自分のコップに少ししか入っていない人は、ほかの人のコップに注ぐことができません。自分が満たされている人しか、やる気を出したり、ほかの人にやさしくしたりすることができないのです。

みなさんのクラスの子どもたちのコップには、どれぐらい水が入っているでしょうか？

◆ 当たり前のことに「ありがとう」を伝えていこう！

コップの水を満たしていくもっとも有効な方法が、存在承認をしていくことです。存在承認とは一言でいうと、「あなたに気づいているよ」

と伝えてあげることです。この存在承認を子どもたちにしていくことで、水源となる泉の水量が増していきます。そして、存在承認の中でも、とくに大切なのは、当たり前だと思うことに「ありがとう」という気持ちをのせて伝えていくことです。

　たとえば、「静かに授業を受けてくれてありがとう」「一緒に給食を食べてくれてありがとう」「笑顔で挨拶してくれてありがとう」など、**一見当たり前のように思えることにも、「ありがとう」の気持ちをのせて、伝えていきましょう。**

　子どもたちの、日々の何気ないありのままの状態を認めていくことで、子どもたちの泉の水量はどんどん増えていきます。

ここが キーポイント！

学校の生活の中で、一見、当たり前だと思われていることにも「ありがとう」の気持ちをのせて伝えていこう。

7

第1章　コーチングで、クラスがうまくいく！

さらに子どものやる気を
アップさせるほめ言葉

◆ YOUメッセージが、子どもたちの能力を伸ばす

　YOUメッセージとは、「(あなたは) すごい」という【あなた】の
状態を表すほめ言葉のことをいいます。

「あなたはすごい」「あなたはさすがだね」「あなたはかっこいいね」
というように、【あなた】の状態を表す言葉には、相手を評価するニュ
アンスが入っていることがわかります。

　子どもたちは周りから評価してもらうことで、自分の能力が認めら
れていることを意識しますから、やる気アップにつながっていきます。
一方で、あまり数多く伝えすぎると、「先生に評価してもらわないと
頑張れない。」という依存の意識が強くなってしまいますので、伝え
る頻度には注意が必要です。

◆ Iメッセージが、子どもたちのやさしさを育む

　Iメッセージとは、「助かりました」「嬉しい」「感謝してます」の
ように、「(わたしは) 嬉しい」という【わたし】の気持ちを表すほめ
言葉のことをいいます。

「私は、助かりました」「私は、嬉しい」「私は、感謝してます」とい
うように【私は】という主語をつけると、認められているニュアンス
が伝わり、もっと周りの人に貢献していこう！　というやさしさが育
まれていきます。たとえば、

「○○くんが、さりげなく黒板を拭いてくれて、嬉しかったなぁ。」

26

「〇〇さんが、食器を戻してくれて、助かったよ。」
「〇〇くんが、掃除用具入れの中をきれいに整頓してくれて、気持ちがいいなぁ。」など、名前＋Ｉメッセージで伝えていきましょう！

さらに、Ｉメッセージの主語を【私たち】や【〇〇さんたち】とすることで、より多くの人に貢献している様子を伝えることもできます。

たとえば、「〇〇くんが、率先して行動してくれて、みんな助かっているよ。」

「〇〇さんたちが、〇〇くんにいつも感謝しているって言ってたよ。」
と、ほめ言葉の種類を意識して伝えていくことで、同じ一言のほめ言葉でも、伝わる深さが変わってきます。

ここが キーポイント！

より多くの子どもたちのやる気を高めるために、YOUメッセージ、Ｉメッセージを意識して、伝え方の幅を広げていこう！

8 第1章 コーチングで、クラスがうまくいく！

子ども同士の間にも信頼関係をつくっていくために

子ども同士の信頼関係をつくる3つのステップとは？

教師と子どもとの関係だけでなく、子ども同士の信頼関係をつくっていくために、コーチングで使われる、信頼関係をつくるまでの3つのステップをご紹介しましょう。

まず、**第1ステップは、安心感をつくるステップです**。相手との共通点を知ることや、気持ちを共感することで、安心感をつくります。

第2ステップは、相手を知るステップ。相手の価値観ややりたいことなどを会話の中から聞き取っていきます。

そして、最後の**第3ステップは、応援するステップです**。相手を知る第2ステップをクリアしていると相手のやりたいことがわかっていますから、相手を応援することができるようになります。たまには、「あなたらしくないね。」と苦言を伝えることもできるようになります。

このステップを第1から第3まで順番に構築していくと、クラスの子ども同士が早期に信頼関係をつくれるようになります。

第1ステップから順番にすすめましょう

第1ステップの安心感づくりは、共通点を探すことからスタートします。たとえば3〜4人組になり、住んでいるところ、好きな食べ物、兄弟、誕生日などの、共通点探しのゲームをすると有効です。

相手を知る第2ステップでは、相手の内面について聞く機会をつくります。第1ステップと同じように3〜4人組で、相手のすごいと

ころや、好きなこと、得意な科目などを、お互いに話をしてみましょう。そしてそれをメモしたり、教室に貼り出すことで、お互いの好きなことや得意なことなどが、共有されていきます。

　第3ステップの応援は、応援の機会をつくることが大切です。相手の好きなことや得意なこと、やりたいことについて、自分はどんな応援ができているのか？　または、自分はどんなことを応援してもらっていると思っているのか？　を話す時間をとります。

　このように**ステップの順番に沿って関係性をつくっていくことで、クラスの一体感、子ども同士の信頼関係は高まります。**

　この順番がとても大切で、第3ステップから始めると、相手を知らない状態で応援と言われてもよくわからず、ぎこちない雰囲気になってしまいますので、気をつけましょう。

ここが キーポイント！

信頼関係をつくるには、共通点を知る→相手を知る→応援するの順番に構築していくことが大切。

9

第1章 コーチングで、クラスがうまくいく！

目標設定が子どもたちを自立させる

なぜ、目標設定が大切なのか？

コーチングでは、目標設定することを大事にしています。

目標の設定をする理由の１つとして、自分たちの望ましい未来をよりはやく手に入れることができる、という効果があります。

たとえば、学級目標を「みんなで支え合えるクラス」と設定したとします。次に、その目標を達成したときには、どんな状態になっているのかを話します。どんな会話をしているのか？ どんな行動をとっているのか？ など、より詳細にイメージしていきます。

たとえば、

・何か手伝えることがある？ という声かけがいつもできている

・クラスの子が休んだときには、誰かが連絡帳を書いて届けている

・勉強でわからないことがあれば、できる人が教えている

など、より詳細にイメージすることで、その目標を達成するための行動が増えていきます。**ぜひ学級目標をつくるときには、達成したときの状態について、より詳細なイメージを描いてみてください。**

目標は子どもたち主体で決めてもらう

学級目標を決めるとき、係活動の目標を決めるときなどは、子どもたちでできるだけ話し合ってもらうようにしましょう。

そうすることで、子どもたちの自己決定する回数が増え、自分でできた！ という自己効力感が高まります。さらに、この**自己効力感が**

高まると、何事にも自分で取り組む習慣がつき、子どもたちの自立につながっていきます。

　コーチングは、関わる相手をより主体的に、より幸せにするための方法です。ぜひクラスの子どもたちにコーチングを使って関わり、生き生きした幸せなクラスをつくっていってください。

ここが　キーポイント！

子どもたちに話し合いで決めてもらうことで、目標が自分たちのものになり、達成意欲が高まっていく！

実践した先生の体験から

行動の遅かった子どもも コーチングで変わった！

伊藤泰明

●子どもから考えを引き出すほうが効果が高いなんて！

セミナーでコーチングに出会ったときに、「これだ！」と思いました。「子ども自身の考えを引き出すほうが、子どもの行動が変わる」という、その効果を実感したからです。

その頃の私は、教師主導の授業や生活指導で、自分の考えを頑張って伝えようとしていました。しかし、その場では効果があっても長続きしなかったり、反発したりする子どもの様子が見られました。そのため、児童の考えを引き出すことで、自分から目標に向けて行動することを促すコーチングこそがよいと直感したのです。

●準備が遅くなってしまう子へのコーチング

１年生の担任をしたときのこと、朝の準備や帰りの支度など、時間内に終わらない子がいました。はじめは、「何分までにこれをするんだよ。」とか「今はこれをする時間だよ。」と、その都度声をかけたり、手伝ったりしていました。するとその子は慌ててやろうとするのですが、次の日はまた同じ状態でした。そんな頃に、コーチングに出会いました。

早速、その子に行動が遅くなっている現状を確認した上で、「どうしていきたい？」と聞くと、「みんなと同じように時間内に準備できるようになりたい。」という答えが返ってきました。そこで、その子の理想の状態に向けて一緒に頑張って行こうと励ましました。

どこから変えていきたいか聞くと、朝の準備からできるようになりたいと言います。しかし、次の日には忘れていたので、朝の行動を振り返らせると、「できなかった。」と残念そうに言いました。

　その様子から、さらに細分化（ベビーステップに）する必要があると感じました。そこで、朝の準備でやることを細かく聞いてみました。①ランドセルを机に置く、②ランドセルの荷物を机に入れる、③ランドセルをロッカーに入れる、④席について朝読書の準備をする、という手順が確認できたので、紙に書き出してその子に渡し、これを１つずつできるようにしていくことを目標としました。

　次の日の振り返りでは、「①はできたけど、②はできなかった。」と、自分の行動を具体的に振り返れるようになりました。その内に、「②までできた。」と喜び、少しずつ自信をつけていきました。そして、最終的には、朝の準備が時間内にできるようになりました。

●双方向性を意識した指導で大きな変化が

　私はコーチングを学んでから、指導のとき「双方向性」を意識するようになり、「この子は、どうしたいのかな。」という子どもの考えに重点を置いて接し、問い返すようになりました。また、問題行動があっても、怒鳴って叱ることよりも、どんな手順で話を進めていこうかと、一旦間を置いて穏やかに接することができるようになっていきました。そうすることで、子どもは自分の行動を振り返ることができ、自分からよりよくしていこうと考え、行動するようになっていきました。

　今、コーチングが私の指導の根幹になっています。何か上手くいかないことがあれば、コーチング理論に立ち返ることで、解決策を考えることができるようになってきました。コーチングこそ、教師に必要な力だと信じています。

COLUMN

コーチングの3原則

コーチングというと、傾聴する、質問するといった一部のスキルのみが注目されることがありますが、そのスキルは200にも及びます。そして、そのたくさんのスキルの前提となるのが下記の3原則です。コーチングは、すべての会話がこの3原則からスタートしています。

1　双方向性

　一方的なコミュニケーションではなく、話を聞き、質問をすることで、先生と生徒、生徒同士がお互いに考えを伝え合う双方向性のコミュニケーションをとります。

2　個別対応

　たくさんほめる、ときには見守ってあげるといったように、生徒のパーソナリティーや状況に応じて、関わり方を変えていきます。

3　継続性

　課題の進み具合いを共有しながら、最後まで目標に到達できるように、継続的にコミュニケーションをとります。

　クラス運営の中でも、この3原則を大事にしていくと、クラスの雰囲気がよくなり、クラスもまとまってきたと語る先生が多くいらっしゃいます。まずは、クラス運営の中で、場面によっては意識的に3原則を使ったり、試したりしてみてください。

（吉田　忍）

第**2**章

クラスの雰囲気が みるみる変わる、 コーチングのワザ！

コーチングは
クラスを変える！

コーチングでクラスが変わった！

　第１章はいかがでしたか？　私は、第１章を執筆した吉田忍コーチから、数年前より毎月１～２回程度、コーチングを学んでいます。

　コーチングで私のクラスは大きく変わりました。

　本書の第２章以降では、私がクラスで試してみた具体的な実践例をご紹介していきます。その前にここで少し、コーチングによって私のクラスがどんなふうに変化したのかをご紹介しましょう。

コーチングとの出会い

　私はもともと、子どもたちをより伸ばすために、さまざまなセミナーに参加したり、本を読んだりして、いろいろな実践を試みてきました。

　ただ、やり方としては教師主導でやっていたため、子どもたちの表情にやらされ感が見えたり、ときには子どもたちの反発にもあったりしていました。そして、クラス運営に悩むようになりました。そんな中で、吉田コーチに出会い、コーチングを学ぶようになりました。

コーチングをクラス運営に取り入れるようになって

　コーチングの手法からヒントを得て、私はまず、教師主導ではなく、子どもたちから意見を出してもらうようにすることにしました。

　すると、子どもたちは、私の想像以上の結果を出してくれました。

　文化祭では子どもたちにすべてを任せると、私自身が予想していた

ことよりも、はるかによいアイデアを出してくれました。

　そのほかのクラスのイベントや、班のルールを決めるときも、子ども
たち中心に進めていったところ、優れたアイデアがたくさん出まし
た。

　また、音読の表現や、社会の発表についても、子どもたち自身にど
うやりたいかを考えてもらったところ、子どもたちがどんどん意欲的
になり、発言も活発になっていきました。

　もちろん、音読の声の大きさや表現は、教師主導のほうが短い時間
で質を高めることができると思います。コーチングは対話を重ねるこ
とである程度時間を要します。それでも、子どもたちに任せることに
は、大きな意味がありました。

　**以前よりもクラスの雰囲気がぐっと明るくなり、やらされ感もなく
なって、子どもたちは生き生きと興味を持って授業に取り組むように
なりました。**その様子を見ていて、コーチングという手法がクラス運
営に大きな変化をもたらしてくれたことを実感しました。

⬢ クラスが明るく変わった！

　いまは、子どもたちは以前よりずっとリラックスしている様子で、
教師と子どもとの信頼関係も築けてきました。また、子どもたちとだ
けでなく、私と保護者や同僚との距離も近くなりました。そして子ど
も同士のつながりも強くなってきています。

　**一番の変化は「教師ががんばる」から「一緒にがんばる」へと変わっ
たことです。結果、クラスが意欲的、前向きになり、よりよい学級づ
くりや授業ができるようになってきたことを実感しています。**

　次ページからは、私が実際にクラスで試してみて、うまくいったさ
まざまなコーチングの実践例をご紹介していきます。少しでもみなさ
んの参考になれば嬉しいです。

（山田将由）

37

1

第2章 クラスの雰囲気がみるみる変わる、コーチングのワザ！

朝の２分間で子どもの モードが変わる！

◆ 学ぶ姿勢にセットアップ

　子どもの状態はいつも右肩上がりというわけにはいきません。たとえば、朝一番は落ち着かない傾向で、とくに休み明けの朝は顕著です。

　ジョージ・ルーカス教育財団が「静寂の時間プログラム」を提唱しています。朝と夕方12分間心を落ち着かせる時間をとるというものです。12分間は時間的に難しくても、少しでも静かなときを過ごすことで、内側から学ぶ姿勢や心構えを育てることができます。

　コーチングでは、自分がどんな状態になりたいかというイメージを大事にしています。朝、静かにイメージする時間をとってみましょう。

◆ イメージトレーニング

　朝の会の最初に２分間、目を閉じて心を落ち着かせる時間をとります。朝の会の時間になったら日直がタイマーをセットして「イメージトレーニングを始めます。腰を立て、姿勢を正してください。目を閉じて、イメージトレーニングスタート。」と言います。

　イメージトレーニングでは、目を閉じて今日のめあてを考えるようにします。朝の準備ができておらず、ザワザワした状態で始まる日もありますが、次第に静かになり、最後は静寂の時間が訪れます。

　たった２分間でも、心を落ち着かせる時間を設定することで、気持ちをぐっと学校モードに切り替えることができます。

▶ より効果的にするためには ◀

ポイントは姿勢と呼吸法です。姿勢は腰を立て、手は膝に置きます。呼吸は鼻から3秒で吸い、2秒留め、15秒で吐きます。長く息を吐くことで、心を落ち着かせることができます。

2 第2章 クラスの雰囲気がみるみる変わる、コーチングのワザ！

クラスの問題行動が どんどん消えるワザ！

⬡ 時間どおりに動いてほしいとき

　休み時間が終わっても、まだ休憩気分が抜けきらない。席を立っていたり、学習準備もせずおしゃべりしている子がいる…。**こんなときにはコーチングの「承認」のワザを使います。ダメな子を叱るより、ちゃんとしている子をほめるほうがうまくいきます！**

⬡ 承認の方向へクラスが動く

「もう準備ができていてエライな！」
「2分前に座っていると心の準備もできるね、スゴイ！」
「みんなの気持ちが勉強するぞと伝わってくると、先生もやる気になる。ありがとう！」
　特定の行動を2回以上認めると、その行動がクラスの中で望ましい行動のルールになります。
　よい悪いを伝えるのではなく、望ましい方法を認めていくことで、望ましい行動を行おうという空気ができていきます。

⬡ 探せばよいところはいっぱいある

　クラスがざわつくと、悪い行動ばかりが目に入ってしまうものですが、よい行動のほうを探そうとすれば、ちゃんとしている子どもが目に入ってきます。**子どもをほめるほど、クラスが生き生きし始めます。**

40

▶ 適切行動を探す ◀

つい「不適切な行動を注意」したくなります。視点を変えて、「適切な行動を承認」するようにします。注意すると心は離れますが、承認すると距離が近くなります。

第2章　クラスの雰囲気がみるみる変わる、コーチングのワザ！

子どもとの関係がよくなる
ちょっとしたコツ！

⬡ 存在を認める

　コーチングで大事にされている「存在承認」は「あなたを見ている・認めている」というメッセージを相手に伝えることです。存在を認めることは、子どものエネルギーをチャージします。また、意欲向上を促進するので、子どもたちに積極的な姿勢や行動が生まれてきます。

⬡ 「３大承認」を心がけよう！

　関わり合う方法はたくさんありますが、その中でも「３大承認」と言われているものがあります。
　　①挨拶　　②名前を呼ぶ　　③目線を合わせる
　一番簡単で効果的な承認は「挨拶」です。「おはよう」「今日の調子はどう？」など日頃から挨拶を交わすことです。ただし、機械的な挨拶や、丸つけをしながら手を休めないような挨拶では、承認になりません。子どもの顔を見て、視線を合わせて挨拶をしましょう。

⬡ 覚えていること

　「３大承認」の次に大切なのは、「覚えている」ということです。誕生日や好きなもの、がんばったことなどを覚えておき、声をかけるようにします。子どもが喜び、距離が縮まります。信頼関係が生まれ、好きなことや自分の思いを、積極的に話しかけてくれるようになります。

> ▶ 3つの種類の承認 ◀

承認は、「存在承認」のほかに、相手の成長や変化を認める「成長の承認」、目標達成や課題克服を認める「成果の承認」の3つの種類があります。承認は安心感や積極性につながります。

4 第2章　クラスの雰囲気がみるみる変わる、コーチングのワザ！

クラスの問題点が
みるみる変わるワザ！

◉ 週の目標を子どもたちにつくってもらうと
クラスが変わる！

　授業中ザワザワしている、忘れ物が多い、掃除を一所懸命やらないなど、先生が問題と思っていることは、子どもも問題と思っていることが多いものです。**子ども自身に「もっとがんばりたいこと」を出してもらい、週の目標にすると子どもが変わり始めます！**

◉ 週の終わりに振り返りを行う

　班ごとによかったこと、がんばったことを出し合います。２分程度でできるだけ多く出します。その後、１つだけ選び発表します。次に、もっとがんばりたいことを出し合います。同じように２分程度出し合い、その後１つ発表します。

　10分程度で、クラスのよさと、改善点が明らかになります。

◉ １つだけ取り組んでみよう

　出し合った中から「よかったことをもっと伸ばす」もしくは「改善できそうなもの」どちらか１つを選びます。たとえば「男子と女子で協力できた」「授業中ふざけない」などです。その後、「では来週どんなことに取り組みますか。」と具体的な行動のアイデアを決めます。**自己決定というのは本当に威力があり、子どもたちも自分たちで決めたことは、実現しようとがんばる姿が見られます。**

44

✕ 先生がルールを決めると…

◯ 自分たちで決めると自主的にがんばり出す！

▶ 任せると決めたら任せる ◀

子どもたちの立てた目標が、適切な方法でない場合もありますが、口出しはせず、見守ります。不適切なことに自ら気づくことも学びになります。

5 第2章　クラスの雰囲気がみるみる変わる、コーチングのワザ！

班をやる気にあふれる チームに変える方法！

◆ 班ごとにグランドルールをつくろう！

　グランドルールとは組織で決めるルールです。たとえば、「笑顔」「協力」「仲よし」など班のテーマを決め、その後、具体的なルールを箇条書きに書き出します。**グランドルールを活用することで、子ども同士のよりよい関わり方が促進され、班にやる気があふれます！**

◆ グランドルールのつくり方

①班のテーマを決める。
②「一人ひとりが安心して楽しく過ごせるために必要なルール」は何かを話し合い、みんなが大事だと思うことを色画用紙に書き出す。
　※グランドルールは加筆や修正ができることを伝えておく。
③最後に誓いの意味を込めて、一人ひとりがサインをする。

◆ グランドルールの活用方法

　グループ活動の前に確認することで、活動のめあてになります。
　班でトラブルが起こった場合は、先生が仲介役になるのではなく、グランドルールをもとに振り返りを行うようにします。
　グループ活動終了後や週末に見直して、達成できたかどうかをチェックします。加筆修正する中で、**自分たちの行動指針になるとともに、ルールを大切にするようになります。**

▶ いろいろと追加する ◀

班対抗のレクリエーションでの記録、そうじのやり方、給食のときのテーマ、笑顔写真など追加していくことで愛着が増し、またいろいろと見直す機会にもなります。

6

第2章　クラスの雰囲気がみるみる変わる、コーチングのワザ！

子ども同士のつながりを つくる、ほめ合いタイム！

認め合うコミュニケーションの機会を増やす

日本には謙遜を美徳とする文化があります。「自慢？」「興味ないし。」などと言われた経験があると、子どもは自分の得意なことや成功したこと、好きなことを友だちに話さないようになります。**もっとほめ合い、自己肯定感を互いにアップできるクラスに変えていきましょう！**

ほめることの喜び、ほめられることの喜び

班で１人が立ち、座っている友だちからほめ言葉を言ってもらいます。時間は30秒間で切れ目がないようにします。30秒経ったら感想とお礼を言って座ります。そして次の人が立ち、順番に変わっていきます。「足が速い。」「やさしい。」といった内容だけでなく「最高！」「よっ大統領！」といった言葉も出ますが、盛り上がっているようならばある程度任せます。**「恥ずかしいけれどうれしい。」「普段から口にしようと思う。」といった感想が出て、クラスがとても温かい雰囲気になります。**

ファンレターを書き合う

席替えをする前や、図工の作品を見合った後、運動会の後などに班のメンバーに「小さい折り紙サイズ」の手紙を出し合います。手紙は用紙で貼って保管します。形に残る手紙はつながりを強くします。

48

❌ 認め合う機会がないと…

お互いの心の中は表現しないと伝わらない。

⭕ 認め合う時間があると意見がどんどん出る

認め合うと、勇気と元気がわいてくる！

▶ 認め合うことが難しい場合は ◀

慣れるまではなかなかほめる言葉が出てこないかもしれません。スピーチをした後や運動会の後など特別な活動の後に「相手のいいことを発表してもらいます。」と伝えておくと、言いやすくなります。

7 第2章 クラスの雰囲気がみるみる変わる、コーチングのワザ！

子ども同士がもっと
つながるチャンスづくり！

⬡ お互いのよさを認め合うレクリエーション

　お互いのよさを認め合うチャンスづくりは、いろいろなバリエーションで、たびたび行っていきましょう。**子ども同士がお互いに感じているよさを、言葉にして伝え合う機会をつくるほど、一人ひとりが存在意義を感じるようになり、クラスの雰囲気がどんどんよくなります。**

⬡ よさを目に見えるかたちにする

　7センチ四方の付箋を用意します。班で話し合いをしながら、友だちの「いいな」と思った点を付箋に書きます。「アイデアを出す力がある。」「うなずきながら話を聞いてくれる。」「話し方がわかりやすい。」など書き出します。そして、書き出したものを相手に見てもらい、OKが出れば相手の体にその付箋を貼り、友達のよさを目に見える形にしていきます。その後、貼ったまま歩き回り、よさを共有します。

⬡ マジカルキーワード

　言われて嬉しいマジカルキーワードを、1人ずつ発表します。「さすが！」「笑顔がイイね。」など、言われて嬉しいキーワードを共有します。関わり合いの機会があるときに、積極的に相手にとって大切なマジカルキーワードを伝えます。そうすることでよい側面でお互いに関わり合いが持てるようになります。その場の空気が熱を帯びるのをぜひ感じてください！

✕ 勝つことだけ考えるドッジボールだと…

つながるチャンスがケンカのもとに…。

○ マジカルキーワードで子どもたちがつながる！

笑顔があふれ協力できるレクリエーションに！

▶ ほめるのも慣れ ◀

「班活動のときは、お互い1度はマジカルキーワードを言いましょう。」など、機会を設定します。最初は照れますが、慣れてくると自然に認め合う言葉が出てくるようになります。

8

第2章　クラスの雰囲気がみるみる変わる、コーチングのワザ！

クラスの話し合いの納得度を上げるワザ！

クラスの話し合いの納得度を上げていく方法

　学級会などの限られた時間の中では合意形成ができず、最終的には多数決ということが多くあります。しかし、子どもの中には不満の様子を見せたり、決まったことに積極的に関わらない子も出てきます。

　コーチングでは、自己決定こそ自発的行動を引き出すと考えています。話し合いの結論を自己決定と感じさせるコツを紹介しましょう！

決め方を決める

「じゃんけんで決めたかったのに…。」「よくわからないまま多数決があって、勝手に決められた。」とならないように、まず話し合いの手順を確認します。たとえば、何か決めるとき「①アイデアを出す時間、②アイデアを検討する時間、③決定する時間と、３つの時間をとります。時間内に決まらないときは多数決で決めます。この流れで進めようと思っていますが、この進め方に賛成の方は手を挙げてください。」と、教師が子どもたちに事前に確認しましょう。

多数決は倍の回数手を挙げる

　６つの意見の中から２つ決めるときは１人４回手を挙げる、３つの中で１つ決めるときは１人２回手を挙げるというように、決まる数の倍、手を挙げるようにします。挙手の回数が多ければ、自分で選んだという人が増え、**自己決定感が高まり**、**決定への納得度が増します**。

52

▶ **全員が納得できるとは限らない** ◀

限られた時間の中で、満場一致は難しいもの。事前に「決まったことは、自分が望んだものでなくても全力でがんばろう。」と声かけをしておくと、前向きに結果を受け止められるようになります。

9

第2章　クラスの雰囲気がみるみる変わる、コーチングのワザ！

子どもが自分で問題点に気づくようになる方法！

◆ スケーリングを使うと子ども自身で気づく

　コーチングでは「理想が10点だとしたら、今の状態は何点か？」と自分で点数化して、理想と現実のギャップを明確にする「スケーリング（計測）」という方法があります。子どもたちに自分の行動を点数化してもらうと、子ども自身が客観的に振り返りができるようになったり、目指す姿が明確になったりします。

◆ 点数化することにより、より上を目指したくなる

　「朝会での最高に素晴らしい姿を思い浮かべましょう。教室を出てから、教室に戻ってくるまでです。」と伝え、考える時間を少しとります。「最高に素晴らしい状態を3点とします。1つできなかったという人は2点、2つ以上できなかった人は1点とします。自分の点数が決まった人は立ちましょう。その理由も考えておいてくださいね。」と全員が立つまで待ちます。3点の人から順に手を挙げ、点数の理由も言ってもらいます。たとえば、1点の人には「できなかったことを1つだけ選んで言ってください。」と伝えて、話しをしてもらいます。

　「それでは次の朝会では、今よりも1点でも点数を上げるためにどのようなことをがんばりますか。決めた人は立ちましょう。」と話します。子どもたちに順番に発表してもらい、めあてを共有します。次の朝会からは、それぞれのめあてに向かってがんばる姿が見られます。

✗ 先生が朝会中に注意するだけでは…

○ 自分の行動を自己採点させると次回に生きる！

▶ **自分自身を評価する** ◀

理想の姿を自分で決めることで、それにむかって自分を高めようとする意欲を持つことができます。

10

第2章 クラスの雰囲気がみるみる変わる、コーチングのワザ！

学級目標を子どもとつくるとクラスが本当に変わる！

⬡ 子どもと一緒に学級目標をつくろう！

学級目標は「理想の学級にしていきたい」という願いを込めてつくり、折に触れ、自分たちの言動について振り返るものです。学級の方向やあり方を決める大切な指針です。**コーチングでは自己決定が大事。教師が決めるのではなく、子どもたち一人ひとりの思いを大切につくるほうが、子ども自身も学級目標を意識するようになります。**

⬡ みんなが話し合える場を設定しよう！（ワールドカフェ方式）

自分の思いを語るために、小グループの場を設定します。4人1組で模造紙半分にどんなクラスにしたいかを書き込みます。10分程度経ったら1人ホストを残してメンバーを変え、新しいメンバーで再度話し合いをします。これを数回繰り返します。その後、最初のグループで書き込みをもとにキャッチコピーをつくり、投票を行います。

⬡ イメージ化する

言葉が決まったらそれをイメージ化します。私は「学級目標の掲示」「マスコット」「学級の旗」についてデザインコンペを行い、そのデザインをもとにそれぞれを作成しています。それらを掲示するだけでなく、集会に学級の旗を持って行ったり、学級だよりにマスコットを登場させたりすると、学級目標への愛着が増します。

▶ **いきなり学級目標を決めない** ◀

4月初期では模範的な意見が大半を占めることになります。クラスでできていること、できていないことがわかってきた頃に決めると、思いが込められた意見が出されるようになります。

実践した先生の体験から

高学年に対するコーチング実践で 子どもが変わった！

岡本英里

●コーチングに興味を持ったきっかけ

　コーチングに出会うまで、私は、たくさんの教育技術の手法を調べ、教室に持ち込んでいました。しかし、学級経営はうまくいかず、とくに高学年の担任になると、子どもたちと接するときの自分の立ち位置がわからなくなり、あいまいな指導をしてしまう自分がいました。

　そんなとき、コーチングの「答えはすべて相手が持っており、相手に寄り添って相手の考えを引き出す」というところに惹かれ、興味を持ちました。

　コーチングを取り入れるようになって、何よりも自分が子どもと接することが楽になりました。「答えは子どもたちが持っているのだから。」と考え、子どもたちを信頼して任せることができるようになりました。

●子どもたち自身に「振り返り規準」をつくってもらう

　高学年の子どもたちの中には、成長過程から、周りの友だちの目が気になって、「何か友だちに噂されているのではないか。」「目立つことをすると冷やかされそう。」「○○ちゃんと仲よくしておかないと何か言われるんじゃないか。」などと思ってしまうことがあります。そんな思いは、教室の雰囲気を全体的に重くしていきます。

　私が以前担任したクラスでは、行事の実行委員などの募集をしたと

きに手が挙げられない、教室移動の際1人で行動できないなどの、人目を気にする行動が見られました。

そこで、クラスの子どもたち全員が1人でじっくり考える時間をとり、まず、「今の教室の状態に満足しているか」をパーセンテージで表させ、その理由を書かせました。次に、「3月にはどのような姿になっていたいか」、最後に「3月の姿になるために今、足りないことは何か」を書かせました。その後、その内容を私が黒板に書き出し、全員にシェアしながら、自分がクラスのためにできることを考えさせました。それをそれぞれの振り返りの規準としました。

子どもたちがそれぞれ決めた規準は「クラス全員に挨拶をする」「明るく誰にでも話しかける」「やりたいことに挑戦する」などでした。
子どもたちは「今のクラスの様子に満足していない人が他にもいて驚いた。」「同じことを考えている人がいて安心した。」「これから何をすればいいかわかったからがんばりたい。」と感想を書いていました。
その後、教室レクリエーションや行事のときには、自分で決めた規準で振り返りを行いました。
具体的な行動は、すぐに変わる子も変わらない子もいます。
でも、自分で決めた規準で振り返ることを繰り返すことで、少しずつですが、手を挙げる子が増え、人目を気にせず誰とでも仲よくできる子が増えていきました。

●コーチングを学んで

コーチングを学ぶことで、私は、自分や人を信頼することができるようになり、人との関係性が変わってきました。
「コーチングはただの手法ではない」というのが私の実感です。

実践した先生の体験から

「よくできた瞬間」の写真で 子どもたちが変わった！

原田千尋

●コーチングで子どもとの人間関係が良好に！

　私は大学生の頃から心理学やカウンセリングを学び、子どもが元々持っている、がんばりたい、チャレンジしたいという気持ちを引き出して、目的や目標を達成するお手伝いをしたいと考えていました。そんな中で、子どものやる気や自発性を引き出すためにすぐ実践できる、コーチングに興味を持ちました。

　コーチングを取り入れることによって、教室内の笑顔が増え、子どもたちとの人間関係がよくなったと感じます。教師である私が自分を承認し、自分の目標達成のお手伝いをしてくれる存在だと認識してくれるようになったのか、子どものほうから自分のことを話してくれる機会が増えました。どんどん子どもとの関係がよくなっていくように感じています。

●「よくできた瞬間の写真」で子どもの自己肯定感を高める

　以前私が受け持っていた小学1年生のクラスは、年度の当初、主体的に行動したりチャレンジしたりする子はとても少なく、自己肯定感が低い子が多いという印象でした。

　コーチングの考え方の1つに、よくできた瞬間を覚えておくことでパフォーマンスが向上するという理論があります。そこで、常に小型のデジタルカメラを持ち歩き、とくに子どもたちが「よくできた」と

感じた瞬間や、ほめてあげたい瞬間の写真を撮り貯めて教室に掲示し、子どもたちの行動を承認する機会に使いました。

　とくに印象に残っているのは、好き嫌いが多く、なかなか給食が食べられないＡさんを支援したときの場面です。

　ある日、Ａさんが自分で食べると決めた量の給食を、初めて食べきることができました。そのとき、食べるのを応援してくれていた子たちと一緒に、記念写真を撮ってお祝いをし「Ａさん、初めて給食を食べきることができてすごかったね！　みんなの応援もとても素敵だったね。」と言って、その写真を教室に掲示しました。

　またその写真をもう１枚プリントアウトし、「今日Ａさんが初めて給食を食べきることができました。おうちでもほめてあげてください。」とメッセージを書いて、ＡさんからＡさんの保護者の方に渡してもらいました。

　すると今までは声をかけないとなかなか自分から食べようともしなかったＡさんが、懸命に給食を食べるようになり、半分も飲むことのできなかった牛乳は毎日全部飲みきるようになりました。

　このように、「よくできた瞬間の写真」を活用する実践をとおして、子どもたちの自己肯定感が高まり、主体的に行動したりチャレンジする子がとても増えました。

●コーチングは教師自身のやる気も高めてくれる

　コーチングの実践をとおして、自分自身も子どもたちと関わることに自信を持てるようになりました。また、授業や子どもたちと関わることが楽しくなり、仕事へのやる気も高まったように感じます。

　もっとコーチングを学んで、いろいろな実践をし、目の前の子どもたちにとってもっとも効果的な実践を、コーチングの理論をもとに考えていきたいとも思っています。

COLUMN

コーチングで
なぜ行動が変わるのか？

　コーチングを受ける側の立場を経験した方にお話を聞くと、
「営業の売上げが上がった！」
「自分だけでは絶対できなかった早起きができるようになった！」
「あきらめていたダイエットができた！」
というふうに、コーチングを受けたことによって、過去の自分の行動
から、目標達成のための自発的な行動に変わっていったとおっしゃる
方が非常に多くいらっしゃいます。

　では、なぜ、コーチングで行動が変わるのでしょうか？
　実は人は、他人からのアドバイスを受けても、ほとんど耳に入って
いません。玉入れの競技にたとえたら、ほかの人から投げられた100
個の玉うち1個ぐらいしか自分のカゴに入らないようなものです。そ
のため、アドバイスからでは、なかなか行動は変わりにくいといわれ
ています。

　一方で、人は自分の言ったことは、よく聞いています。玉入れで言
えば100発100中です。ですから、他人からアドバイスをもらうより、
誰かに質問をされて自分で話をして整理整頓したほうが、行動を起こ
しやすいといわれています。

　この自分で整理整頓することを、コーチングの用語では「オートク
ライン」と言います。

　ですから、子どもたちのやる気を引き出すためには、「どう思う？」
「どんなことしてみたいの？」と子どもたちに問いかけ、子どもたち
に自ら考えてもらうことで、行動の変化を生み出すことを意識してみ
てはいかがでしょうか？

（吉田　忍）

第**3**章

コーチングで、
授業も変わる！

1 第3章 コーチングで、授業も変わる!

子どもに授業のめあてを つくってもらおう!

⬡ 学習態度は一日にしてならず

　授業時間によい姿勢が維持できない、手遊びに夢中になっている…。こんなときに、ただ叱ってもますます雰囲気が悪化します。こんなときこそ、「人は自分で決めた目標にはやる気になる!」というコーチングの原則を使うと、みるみるクラスが変わります!

⬡ 子どもたちに自分で目標を出させてみよう!

　授業の始めにノートに子ども自身のめあてを書かせましょう。そして授業の終わりに、「めあてを達成した人は手を挙げましょう。がんばった仲間に拍手しましょう。」と声をかけます。繰り返すうちに、子ども自身もめあてを意識化できるようになります。

⬡ 班ごとのめあてもつくらせてみよう!

　個人でめあてをつくることに慣れてきたら、班共通のめあてを持たせるようにします。「班全員が2回は挙手する。」「班全員が15分以上姿勢を正して授業を受ける。」などです。さらに発展形として、クラス全体で「全員が話し手を向く。」など、段々とより大きな単位でのめあてを出してもらいましょう。

　クラスの実態に応じて、個人からではなく、班や全体から取り組むほうが効果的な場合もあります。

　1ヵ月も取り組むと、教室の雰囲気はガラッとよくなります!

64

▶ 互いに確認し合う ◀

ノートに書いた後、隣の人や班で確認すると、宣言効果が得られ、より目標を達成する可能性が増えます。

2 第3章 コーチングで、授業も変わる!

まず、子どもの「聞く耳」をつくろう!

⬡ 伝わったかどうかを意識しよう!

「言ったか」どうかではなく、「伝わったか」どうかが大切です。

たとえば、算数嫌いの子は、算数の情報を受け取る「聞く耳」が閉じています。**コーチングでは「聞く耳」の状態をつくることをまず重視します。**関心を持たせないことには、相手の耳には入りません。まずは「聞く耳」の状態をつくり出しましょう!

⬡ 説得のMEATを使って「聞く耳」をつくろう!

聞く耳を開くのに効果的な4つのポイントがあります。

M（Merit：メリット）　「明日のテストに出ます。」

　　　　　　　　　　　「大きな声では言えませんが…。」

E（Emotion：感情）　「いつやるのか?　今でしょ!」

A（Authority：権威）「イチロー選手がいつも大切にしているのは…。」

　　　　　　　　　　　「世界一のお金もちの人は小学生のときに…。」

T（Threat：脅し）　　「これができない人は宿題とします。」

何を伝えるかだけでなく、どう伝えるかを考え、「伝わった」かどうかを意識することで、効果的な話し方ができるようになってきます。

聞くアンテナを意識した話し方をすると、聞こうとする空気感ができたかどうかを感じられるようになります。

▶ 聞こうとする空気感とは ◀

姿勢や視線、表情、ザワザワ度などから空気感がつかめます。また話の途中に一度話を止めて見回すと、そのときの反応でも読み取ることができます。

3 | 第3章　コーチングで、授業も変わる！

アンケートで授業を
どんどん改善しよう！

◆ 一緒に改善していく

　コーチングでは、課題があるときに「答えは相手の中にある」と考えます。この考えを授業に当てはめると、授業を改善していくポイントは子どもたち自身の中にあるといえます。授業がうまくいかないときには、子どもたちの声を聞くのが一番、解決の早道です！

◆ 定期的にアンケートをとる

　定期的に授業のアンケートをとりましょう！　結果が出たら、次のような問いかけをします。「92％の人が１日１回以上手を挙げています。すごい、４月の３倍です。さて、その中で、65％の人は挙手を恥ずかしいと感じているようです。この結果をみてどう思いますか。」「原因はなんだと思いますか。」「どうしたらいいと思いますか。具体的なアイデアを自分（班）で考えましょう。」。結果を教師と子どもが共有することで、一緒に改善していくことができるようになります。

◆ 満足度や成長に注目して話を始めよう

　結果を上手に共有するコツは、最初から問題点に注目するのではなく、全体の満足度や成長の確認をしておくことです。反省会ではなく、よりよく改善していこうとする話し合いになります。改善アイデアが出た後の授業では、いつも以上に真剣なまなざしを見ることができます。

✗ 先生が1人で悩むと深みにはまる

先生だけがんばると、子どもは蚊帳の外に。

○ 一緒に考えると協力してもらえる！

1人でがんばるよりも、みんなでがんばることが一番の改善策。

▶ 誰ががんばるのか ◀

1人でがんばるだけでなく、子ども、保護者、同僚と巻き込んでいくと、解決に向けてのエネルギーが増加していきます。

4

第3章　コーチングで、授業も変わる！

発表を子ども自身が
改善するようになるワザ！

自ら学び、自ら考えるために

　コーチングの技術を教室で活用するよさは、「子どもたちが、成長するためにはどうしたらよいのかを自ら考えるようになること」です。「ああしなさい」「こうしなさい」と教師から一方的な指示をするのではなく、自ら考えるきっかけを与えるようにします。

ビデオに撮って見る！

　国語の授業で発表を行います。そのとき発表している子どもの姿を動画で撮影し、自分たちの発表を見返す機会を設けます。客観的に見ることで、改善点が明らかになります。「もっと大きな声」「視線を意識する」「礼をきちんとしたい」「ふらふらしないようにする」など具体的に、どうすればもっとよくなるか考えるようになります。考えたことは行動したくなります。

ハイレベルな発表を見る！

　スピーチコンテストの優勝者や、プロのプレゼンテーター、過去の児童の優れた発表などを見せ、自分たちとの違いを探させます。優れた発表を見ると、「わかりやすさ」や「メッセージ」など、発表の仕方という見た目だけでなく、内容の構成にも気づくことができます。

　教師が直接答えを教えるのではなく、子どもがもっと成長したいと思えるような工夫をすることで、やる気を引き出すことができます。

✕ 先生が指示するだけでは伝わりにくいことも…

言葉だけだと、イメージが伝わりにくいことも。

◯ 自分たちで考えるとやる気が増す！

百聞は一見にしかず。見るだけで伝わることも！

▶ 発表の機会を多くする ◀

2時間調べて発表が1回では、調べる意欲もわきにくいでしょう。1度調べたらペアや小グループで5〜10回発表するようにします。発表すること、そして相手の反応からも、学びが得られます。

5 第3章 コーチングで、授業も変わる!

できないことを
できるようにするコツ

ベビーステップを意識する

　赤ちゃんが歩けるようになるまでと同じく、クラスの子どもたちも小さな一歩を歩んでいくことが成長へとつながります。

　ポイントは「いきなり大きな一歩を踏み出さない」ことです。コーチングでは「ベビーステップ」と言い、赤ちゃんでもはいはいして進めるぐらいの一歩を用意します。**ベビーステップをつくるコツは、1つのステップが高い場合、3～5つのステップに分割することです。**

人前で発表できるようになるには

　たとえば、挙手や発表が難しい子がいたら、ノートに書く、ペアで話す、班そして全体で発表する、という3つのステップに分割します。

　　① 「自分の意見をノートに書きましょう。」

　　② 「隣の人とノートをもとに、話を聞き合いましょう。」

　　③ 「班で1人ずつ発表しましょう。発表する人は立って、座っている人は立っている人の顔を見て聞きましょう。」

このように、準備の段階を設定するようにします。このほかにも、

　①班で発表する時期

　②ペアで発表する時期

　③個人で発表する時期

と、発表者の単位を変える方法もあります。

✗ いきなりスピーチだと…

できないのは「子どものせい?」「課題のせい?」

○ まずは班で発表すると自信がつく!

できることのちょっと上が1番楽しく学習できます!

▶ 簡単すぎるぐらいがちょうどいい ◀

できないときはできるところから始めるようにします。慣れてきたら少しハードルを上げます。

6 | 第3章　コーチングで、授業も変わる！

課題を子ども自身に 見つけさせるコツ

◆ 誰が一番学んでいるか

　夜遅くまで漢字ドリルの丸つけをし、とめ、はね、はらいを赤で直し、「はねに注意しよう！」とコメントを書く。翌日は書き直させて再提出、そしてテスト、結局はねは直っていない…。これが私の初任の頃の漢字指導です。一番勉強したのは誰かというと私でした！　しかし、チェックをしないといけないのは先生ではなく、子どもたちです。

◆ 子ども自身にチェックさせよう！

　現在はこんなやり方をしています。漢字ドリルの1ページの中で間違いが1つでもあったら、付箋を貼って返します。子どもは見直して、間違いを自ら発見し、訂正を行って再提出します。**自ら間違いを発見することは、指摘されたものよりも何倍も力になります。**

　また、たくさん書いて漢字を覚える子もいれば、熟語で覚える、テスト形式で覚える、部首で覚える、成り立ちで覚えるなどなど、人によって覚える方法はさまざまです。漢字テスト後、100点の子にどのように覚えたか発表してもらう機会を設定します。そうすると同じ100点でも、覚え方はさまざまであることがわかります。

　自分が覚えられそうな方法を取り入れてやってみようと声かけをし、「学び方」を学べるようにアドバイスします。

✗ 先生が夜遅くまで丸つけをしても…

先生が気になることが子どもにはまったく気にならないことも。

○ 子どもが間違いを発見すると効果大！

自分で発見したことは、自分のものに！

▶ **学びの主体は子どもたち** ◀

学び方はさまざまですが、学ばせ方もさまざまです。「何のためにそれをやるか」が明確だと、学ばせ方を工夫しやすくなります。

7

第3章　コーチングで、授業も変わる！

整列・移動が
見違えるように変わる！

◆ ダラダラした整列が直らない

　特別教室の移動の際に、並びましょうと号令をかけてから5分経っても整列が完了しない。こんなときにも、コーチングのワザ、「スケーリング」を使いましょう。**自分の行動が何秒かかったかを計らせて意識させると、自発的に行動が変わってきます！**

◆ 何秒で並ぶことができるかな？

　「この前は4分24秒で並ぶことができました。今回は何分何秒で並ぶことができるかな。」「この前は4人の人が椅子を出しっぱなしで並んでいましたが今回は何人でしょう。」「並んだ後にお話がやむまで1分20秒かかりましたが、今回はどれぐらいかかるでしょう。」など、事前の声かけ1つで、あれこれ言わなくても上手に並べるようになります。

◆ 整列の3大ポイントはなんでしょう

　並ぶときのポイントを、できるだけ多く出しましょう。そして、「並ぶときの3大ポイント」を決めるなら、それは何か班で相談しましょう。「静かに」「はやく」「美しく」「整理整頓して」「忘れ物がないように」「声をかけ合って」「お手伝いして」など挙がるので、クラスの実態に合わせて3つに絞ります。それを掲示しておき、並ぶ前に唱和するようにします。整列も見違えます。

> ▶ 並び方を固定する ◀

名前順または背の順など並び方を固定することで、自分の位置や友だちの位置を理解し、整列がスムーズになります。慣れてくると友だちが並ぶときに、サポートもできるようになります。

8 第3章 コーチングで、授業も変わる！

授業で一番大事なのは「振り返り」です！

⬡ 「振り返り」の機会を持つほど、行動は変わる！

「振り返り」は、授業の導入やメインの活動に押され、省略される傾向にあります。しかし、**振り返りの機会を持つほど、よりよい行動への変化につながります！**

⬡ 価値の共有は教師からではなく、子どもから

授業では、丁寧に振り返りの時間を持つようにしましょう。「今日の授業で「成長したこと」「がんばったこと」をノートに書き出しましょう。」と、箇条書きでできるだけ多く書き出してもらいます。

さらに、「では、班で共有しましょう。友だちの「成長」や「がんばったこと」には惜しみない拍手を送ることができるといいですね。」「次に全体でシェア（共有）してくれる人はいますか。」と、個人、少人数、全体とつなぐことで、全体の場で発言がしやすくなります。

「最初は男子ばかりでペアをつくっていたけれど、後半は男女意識せず話せるようになりました。これからも男女関係なく接していきたいです。」という発表があった場合、「同じような感想を持った人？」と全体に返していきます。

先生が「男女仲よくしましょう。」と何度も言うよりも、子どもの口から共有できるほうが価値が高まります。そのような様子が振り返りでは多く見られます。この経験が次の行動につながっていきます。

> ▶ 打ち上げ花火で終わらない ◀

振り返りは次に生かしていくことが大切です。「今回の学びを次の休み時間にも試してみよう。」と活用シーンを設定すると、生かしやすくなります。

実践した先生の体験から

子どもも教師もストレスなしの 楽しい毛筆書写

西野宏明

●コーチングに興味を持った理由と実践した結果

コーチングに興味を持ったのは、心理学などの科学的な知見をもとにしたコーチングのスキルが、小学校の教育に役立つと思ったからです。より効率的に、より達成度の高い指導が可能になると思いました。

コーチングのスキルを取り入れた結果、大きな変化がありました。それは、ほめることが増え、叱ることが減ったことです。授業においても、休み時間においても、子どもと関わるときには承認する回数がとても増えました。その結果、子どもとの関係が以前よりもよくなりました。

●コーチングスキルを使った毛筆書写の授業の流れ

私はコーチングのスケーリング・クエスチョンという手法で、毛筆書写の指導をしました。これが大変効果があったので紹介します。

①小黒板にチョークで手本の字を書く。

字の大きさ、長さ、書く位置などを教えます。

②子どもの席で習字セットを借りて、実際に教師が書く。

③席の前に立ち、手本と書いた字を比べ、10点満点で評定。

「お手本が10点満点だとすると、先生の字は何点かな？」

④減点した理由を解説。

「先生が自分の字を評定します。先生は8点。」

⑤１点ずつ減点理由を話す。

　　「手本ではここは人差し指１本分でしょ？　でも先生の字は３本も入る。つまり開けすぎたんだね。だから１点減点。後は…。」

　　①で評定する観点を教えておくため、子どもも理解ができます。

⑥子どもに書かせる。

　　「書いたら椅子の上に立って、手本と比べて評定してごらん。
私が行くまでに理由も言えるようにしておくとすばらしいな。」

⑦教師は回って声をかける。

　　見てほしいと手を挙げている子の所へ行きます。

　　基本は①ほめて、②点数を聞き、③手本に記す、だけです。

　　「上手だねぇ。ここのはねがとくにいい。で、何点？（６点）じゃあ、なんで４点減点したのか言ってみて。（ひたすら聞く）なるほどね、よく気づいたね。さすがだね（手本の用紙にポイントを書き込んであげる。）。次は、その４点分を意識して書いてごらん。」

⑧掲示する作品を教師と子どもが話し合って選ぶ。

●コーチングスキルを使った毛筆指導のよさ

　試してみてください。以下のメリットを実感できるはずです。

①自己決定だから、「やらされている感」がなくなり楽しい。

②ほめ言葉中心だから、教師も子どももストレスが少ない。

③手本を集中して見るようになるので、字が美しくなる。

●実践を振り返ってコーチングについて思うこと

　コーチングをとおして、コミュニケーション力、学習能力を高めるための原理を知ることができました。授業や生活の中で、コーチングが生きていることを強く実感しています。これからも学び続けます。

COLUMN

コーチングの歴史

コーチングの語源である、「COACH」は、「馬車」から由来しています。

そこから【大切な人を、その人が望むところまで送り届ける】という意味が転じて、【目標達成のための伴奏者】としてコーチというスタイルが生まれました。

コーチングというものはそもそも、有名な学者がつくり出した理論やメソッドではありません。なぜかその人が入ると成果が出るスポーツの名監督、企業では名マネージャーと呼ばれる方々の優れた事例を集め、彼らが何をしているかを観察し、うまくいっているパターンをコード化し集積していったものが、コーチングです。

1950年代のアメリカにおいて、マネジメントの分野でコーチングについて言及されはじめ、1980年代にはコーチングに関する出版物が増えていきました。

日本では、1997年に初めて、コーチ養成機関が設立されました。日本での歴史は、まだそんなに長くはありませんが、今では、多くの企業が部下育成や組織風土改革の1つの手法として導入し、実績を上げています。

そして、今、学校教育の中でも、クラス運営、学校経営、保護者、地域との連携など、さまざまな場面で、活用が進んでいます。

コミュニケーションは、生活のどの場面でも関わりのあるものです。ぜひみなさんの入りやすいところから、コーチングの技術に触れてみてください。

（吉田　忍）

第**4**章

こんな場面も、
コーチングで
うまくいく！

1 運動会の練習に子どもが一所懸命にならないときは？

第4章 こんな場面も、コーチングでうまくいく！

ゴールをイメージしてから準備する

よりよい状態にするためには、先にゴールを意識させます。「閉会式を終えて教室に戻ってきたときはどうなっていますか。」と問いかけます。

できるだけ具体的なイメージを持つほど、達成の意欲が高まります。「どんな言葉を使っていますか。」「どんな表情ですか。」「どんな力が身についていますか。」。ゴールイメージが日々の練習の質を変えます！

何のために行事があるのか

運動会練習の初日は、事前に次のような話をします。
「次の時間は何をするかわかりますか。運動会をとおして何らかの力を身につけるための時間です。どんな力をつけることができるか、考えを出し合いましょう。」。協力する力、真剣に取り組む力、新しい技術を身につける力など、出てきた答えを一つひとつ黒板に書きます。
「それらを達成できるとどんな自分、学年になっていると思いますか。成長した姿をノートに書きましょう。表情や言葉、教室の雰囲気など、できるだけ詳しく書きましょう。ワクワクできる内容がいいですね。」
「めあてを達成するためにどのようなことをがんばるか、集団のめあて、個人のめあてをそれぞれを箇条書きで書きましょう。」

理想のイメージを具体化させて練習に挑むことにより、行為のそれぞれに対して、より真剣に取り組む姿が見られるようになります。

▶ 成長のために行事がある ◀

「やらされている」という思いがあると、意欲的になりにくいです。
「多くの手間と時間をかける意味」を考える機会を設定します。

2 | 第4章 こんな場面も、コーチングでうまくいく！

学習発表会の準備で
子どものやる気がないときは？

◆ やりたいのかやらされているのか

　教師が介入するほど、子どもたちは「やらされている感」を募らせ、その結果「言われたことしかやらない」という状態になります。**子どもたちでプロジェクトチームをつくり、そのチームを中心に準備を進め、教師はそのチームの「やりたいこと」を支援するようにすると、子どものやる気が出てきます。**

◆ 思い切って任せると青天井

〈計画〉やるべきことはピックアップしておき中身は任せる

　劇のケースならば、ゴールからの逆算して、発表会当日、リハーサルの日、衣装の完成の日、小道具・大道具の完成の日、練習をする日、台本が完成する日、内容を決める日など、やる項目をリストアップし、締切日も教師のほうで設定します。その情報を与え、どう進めていくかは子どもたちに任せます。ただし、事前に１時間ごとの進め方を考え、教師に相談させ、不備不足はそこで指導をします。

〈内容の高め方〉子ども同士の見合いの機会を多く取る

　基本的な動きは指導しますが、アイデアは任せるようにします。小道具コンテストやセリフコンテストなどを設け、どのチーム・どの子がよいか、グランプリを決めます。そして、選ばれたチームや個人のよさを自分にも生かしていくようにします。複数回行うことにより、互いから学び、切磋琢磨できるようになります。

86

✗ 先生が仕切っていると…

先生ががんばりすぎると、子どもと温度差ができてしまいます。

○ 子どもが主体的に進めるとどんどん盛り上げる!

アイデアがアイデアをよび、子ども同士で高め合うことができます。

▶ リハーサルで修正する ◀

任せきりにしたときに難しいのがペース配分と完成度を高めることです。はやめにリハーサルの日程を設定することで、修正する期間を設けられるようにします。

3 第4章　こんな場面も、コーチングでうまくいく！

遠足に行くときなどの
事前指導がだらけるときは？

事前指導は子ども自身に考えさせる

　たとえば、遠足に行く前日は、「道路の歩き方」「公共機関の乗り方」「挨拶」「見学のマナー」など、たくさんのことを事前指導します。しかし、先生がいくら指導しても、遠足直前でワクワクしている子どもは聞いていないものです。

　コーチングでは「質問」を使って、本人の注意を喚起し、本人に考えさせることで効果を上げます。**事前指導でも、子どもたち自身に考えさせる質問を投げかけてみましょう！**

遠足ではどんな力が身につくかな？

「並んで歩く」「静かにする」などは言われなくてもわかっています。逆にあたり前すぎることを言われると、天邪鬼になるのが人の心理です。そこで、「バスではどんな力が身につくかな。」と問いかけるようにします。

　すると、「席をゆずる」「挨拶をしっかりする」など、たくさんのアイデアが出てきます。それを一つひとつ認め、「そうだね、明日はそんな力を身につけにいこう。」と話します。

　話し合った内容は黒板に残しておき、「明後日、黒板をもとに振り返りをしようね。」と伝えておくだけで、単なる観光気分から主体的な学びの場へと意識や行動が変わります。

▶ 黒板に書き残しておく ◀

遠足の次の日、黒板に書いてあるめあてを1つずつ確認していきます。遠足の振り返りが「楽しかった。」「○○を見た。」だけで終わらずに、学びの場、成長の場となります。

4 第4章 こんな場面も、コーチングでうまくいく！

子どもたちが新しいことに挑戦したがらないときは？

⬡ クラスでの取り組み

　学級づくりの一環として、長縄があります。3分間、8の字跳びで何回跳べるか挑戦するものです。目標回数を目指す中で、チームワークが育まれます。しかし長縄を行う文化がない場合「めんどくさい」「意味がない」「つまらない」などの意見が出て、取り組むことが難しい場合があります。ここにもコーチングの考え方を使いましょう！

⬡ 場の設定

　教師主導ではやらされている感が出てきます。やりたいと思える場をつくり、やることの合意形成をとるようにします。たとえば、全校長縄集会や、他学年との交流試合を設定します。他学年、とくに下の学年から「挑戦状」を書いてもらうと、「やらねば！」という思いになります。

　こうした場を設定した上で、クラスとして取り組むかどうかを話し合います。やるかやらないか、やるなら目標回数はいくつに設定するかなど、目標ができると休憩時間に進んで練習するようになります。

⬡ いきなり全員を期待しない

　得意な子もいれば、そうでない子もいます。やりたくない子もいます。無理やりさせるのではなく、やりたいと思える子を中心に練習します。雰囲気が盛り上がってくると、自然と仲間が増えていきます。

❌ 熱血先生だとやらされた感が出ることも…

どんなによい実践でも、一方的だとカラ回りに。

⬇

⭕ 子ども自身の目標ができると盛り上がる！

子ども自身に目標ができると盛り上がります。そこから、「今度全員でやってみよう！」と輪を広げます。

▶ **記録会を複数回設定する** ◀

全員が本気になりやすいのは、記録会の直前から直後です。「ちゃんとやったけどできなかった。」「跳んでみたら楽しかった。」。そのような経験をする中で、次はこうしたいといった意欲が出てきます。

5 | 第4章 こんな場面も、コーチングでうまくいく！

給食当番の引継ぎで混乱が起こりがちなときには？

◆ 給食当番を子どもたちに任せる

給食当番表で当番を決めておくと、やることが明確なので役割が定着する頃からはスムーズな配膳ができます。しかし、当番の変わり目やイレギュラーなことが起こると混乱に陥ります。

給食当番も子どもたちに任せてみませんか？

◆ コーチングのアプローチ「自分たちで決める！」

①おいしそうに、②はやく、③盛りきるをテーマに、配膳方法を自分たちで考えるようにします。誰が何を運ぶのか、盛りつけ担当、片づけ担当など、すべて子どもたち自身で考えます。トラブル、イレギュラーも自分たちで解決していきます。基本的に4ヵ月単位とし、4ヵ月後のテーマが達成できていることを目指して、トライアンドエラーを繰り返します。

◆ 毎日、振り返りを行う

最初は戸惑いますが、回を重ねることで自ら動けるようになります。軌道に乗るまでは、毎日5分程度話合いの時間を持つようにします。

計画や振り返りを行う中で、自ら考え行動する力が育ってきます！

92

▶ 「僕（私）じゃありません」にならないために ◀

当番を決めると、その当番に責任を持って行動することができます。一方、自分のこと以外は動かなくなる場合があります。個人ではなくチームでの取り組みとすることで、臨機応変に動きやすくなります。

6　第4章　こんな場面も、コーチングでうまくいく!

子どもの忘れ物が
続くときには?

◈ 忘れ物は不滅。改善できるのは本人だけ

　どうしても忘れ物は発生します。日々忘れ物をする子もいますが、改善できるのは本人だけです。答えは子どもの中にあります。子ども自身から答えを引き出す質問を投げかけましょう。子どもが改善方法を思いつかない場合は選択肢を提供し、最終的に選んでもらうようにします。

◈ ローマは一日してならず

「自学ノート忘れが続いているようだけど、どうしたの?」
「毎日やっているんですけれど、家に置いてきてしまうことや、持ってきても出すのを忘れてしまうことがあります。」
「そっか、せっかく頑張っているのに残念だね。どうしたら忘れずに提出できると思う?」
「終わったらすぐ、必ずランドセルに入れます。」
数日後、「前よりも出せるようになってよかったね。」
「でもまだ出せないこともあります。」
「どうしたらいいと思う。何かいいアイデアがある?」
「友達のAさんに出したかどうか、声をかけてもらうようにします。」
「いいアイデアだね。先生からもAさんにお願いしておくよ。」
　一進一退ですが、話し合いを続けていく中で、段々と忘れ物が減ります。それを認めていく中で、好循環が生まれるようになります。

94

▶ ダメ出しからアイデア出しへ ◀

忘れ物に困っているのは先生だけではありません。子どもも悩んでいます。一緒に考えていく中で、よいアイデアが生まれてきます。

7

第4章 こんな場面も、コーチングでうまくいく！

もっとうまく子どもを叱りたいときには？

誰のために叱るのか

「怒る」と「叱る」の違いは、「for ME」と「for YOU」の違いです。子どもの不適切な行動や反応に対して、感情的になってしまうことがあります。感情的に怒ると、相手は「改善しないといけない行動」に注目せず、「そんなに怒らなくてもいいのに。」という、不愉快感のほうにばかり注意が向かってしまいます。

ほめるときと同じ、YOUではなく、Iメッセージがおすすめです。

Iメッセージは愛メッセージ

「あなたは～すべきだ」というYOUメッセージは、相手を責めたい気持ちがあるときに出てきます。断定的な響きと、攻撃的なニュアンスは、相手の拒絶や反発を生む場合があります。

相手の行動を変えてもらいたいときは、指示や非難よりも相手の気持ちを大切にしながらメッセージを伝えるようにします。

はやくしなさい。　　→　3分以内に学べたらすごいと思います。

何回言えばわかるの。→　整頓されていたらきれいで気持ちいい。

Iメッセージは、「愛」メッセージです。

クラスで靴隠しがあったとき、犯人捜しをするのではなく、「先生は今回残念な気持ちになりました。」と伝えたところ、その後は起こりませんでした。

叱られた記憶は残っても、なぜ叱られたかは忘れてしまうということも。

1度では伝わらないこともありますが、繰り返す中で段々と響いていきます。

▶ 大きな声は出さないほうがよい？ ◀

「叱る」は理性的・選択的、「怒る」は感情的・反応的です。戦略的に大きな声を出したほうがよいと思った場合は、大きな声で叱ります。意識せず大声を出すと、子どもとの距離が開いてしまいます。

8

第4章　こんな場面も、コーチングでうまくいく！

次の問題行動を防ぐ
叱り方とは？

●「どうして？」ではなく「どうしたら？」

「どうして遅刻が続いているの。」「なぜ授業中に話をしたんですか。」。指導のとき、Why（なぜ・どうして）と問うことがあります。

　心理学のNLP（神経言語プログラミング）では、物事を具体的にするための質問を4W1Hとしています。4W1Hとは、When（いつ）、Where（どこで）、Who（誰が）、What（何を）、How（どのように）です。Why（なぜ）は入っていません。

　なぜなら、Why（なぜ）は視点を過去に向け、問題点を探そうとする問いだからです。また「なぜ」という問いは、相手を責めるニュアンスがあり、言い訳を誘発しがちです。

「なぜ・どうして」から「どうすれば」というに問いに変えてみることで、次につながる解決策を導くことができます。

● どうすればできる？

　私のクラスは、4月当初は掃除時間が15分も延長していました。加えて、ごみが残っていましたが、「どうしてみんながんばっているのにふざけているの。」「なぜゴミが落ちているの。」ではなく、「どうすればゴミ1つないクラスになりますか。」「時間内に終わるためには、いつ机を運びはじめればいいですか。」などの声かけをしました。日に日に時間が短縮され、時間内にきれいになっていきました。

98

▶ 聞いても答えられない場合 ◀

どうしていいかわからない子どももいます。そのようなときは「先生が預かる。机に入れる。ランドセルにしまう。どれができそう？」と、選択肢を出して本人に決めてもらうようにします。

9

第4章 こんな場面も、コーチングでうまくいく!

ケンカの指導にも使える「ポジションチェンジ」

◆ 視野を広げる

人は自分から見えているものが現実だと認識してしまいます。しかし、ほかの人が同じものを見ると、異なって見えることがあります。

立場を変える（ポジションチェンジ）ことで相手や物事をより多面的に見ることができます。

◆ 相手はどんな気持ち？

子どものケンカを指導するとき、逆の立場で発言をさせ、それぞれ経験してもらいます。どのような気持ちになったかを共有し合うことで、振り返りを行うことができます。また、「今の行動をお母さんが見たら、なんて言うと思う。」など、視点を増やしてあげる声かけも、振り返りに効果的です。

◆ 憧れのスターならどうする？

ドラゴンボールが好きな子に「悟空は好き嫌いするのかなぁ。」と聞きます。理想像を持つことでモチベーションにつながります。

◆ 最高の自分はどんな自分？

「手を挙げて発言できる自分はどんな自分？」「整列するときにベストな自分はどんな行動をする？」と聞いて行動を引き出すと、一歩成長した姿を見ることができます。

100

視野が狭いままだと…

自分の枠で考えていると、周りのことが見えなくなります。

視野が広くなると他人にやさしくなれる

枠を広げることで、気持ちや考えに余裕が生まれてきます！

▶ **ポジティブな面にも活用** ◀

「運動会でこの組体操の技が決まったら、見に来てくれた人は何て思うかなぁ。」「この学級目標が達成できたら、下級生にはどんな影響があると思う？」など、ワクワク感につなげる使い方もできます。

10　第4章　こんな場面も、コーチングでうまくいく！

子どもや保護者からの 苦情を受けたときは？

まずは受け入れること、そして理解すること

　子どもや保護者からの苦情や不満には、「宿題が難しすぎる。」「授業がわからない。」「差別がある。」などさまざまありますが、学校に意見を言うのは覚悟があってのことです。また、1つのことが表に出る背景には、隠れた思いがいろいろあります。苦情や不満もまずは受け入れることから始めます。

傾聴により相手の思いを受け止める

　傾聴とは、「相手が言いたいこと」を全部聴くことです。まずは最後まで相手の話を聴きます。相手が聴いてもらえたと感じてから、次の行動が始まります。聴くときの望ましい姿勢は、顔を見る、うなずく、相づちを打つ。そして何より、興味を持って聴くことです。

チャンクダウン・スライドアウト

　話の内容は漠然とした「かたまり」になっています。大きなかたまりのままだと理解しにくいので、このかたまりを小さくしていきます。「詳しく教えてください。」「具体的にはどんなことですか？」と具体化してもらいます。

　また、深めるだけではなく、広げたいときには「他にはありませんか？」「全部教えてください。」と質問の種類を変えるようにします。

　理解が深まると、距離を縮めることができます。

▶ 自己解決する場合も ◀

じっくり話を聴いているうちに、相手の中で自己説得が起こり、自然と解決する場合があります。

実践した先生の体験から

ティーチングから
コーチングの個人面談へ

城ヶ﨑滋雄

●ぶつからない指導に通じるコーチング

　荒れているクラスを担当しているとき、教師の思いを伝える前に、子どもの願いを知るように努め、それを尊重しながらコミュニケーションを取っていました。また、いつも「答えは子どもの中にある」を基本としていました。

　あるとき、その考え方がコーチングの手法に通じていることを知り、そうであるならば、さらに勉強してみようと思いました。そして、子どもとの関係がうまくいっているとき、コーチングという目をとおして、なぜそれが有効だったのかを振り返るようになりました。

　それらを整理することで、自分の原点を再確認できました。それが、「戦わない、ぶつからない指導」です。

●無意識に子育てをしている保護者へのコーチング

　個人面談で「一学期に「お子さんが成長した・うまくなった」と嬉しくなることは何ですか？」と子どものよさを聞きました。

　毎日一緒にいると、子どものそれに気づかないものです。しばし考え、子どものよさをあげもらったら、その具体的な場面を想起してもらいます。

　そして、「それは素晴らしい。こうなるためにどんなことを心がけているのですか？」と、うまく接しているコツを聞きます。実は保護

者は無意識に子育てを行っていることが多いのです。「こうすれば、こうなる」と意識的に子育てを行っていないのが現実です。保護者は、「そういえば、いつもそんな言葉をかけていますね。時間を決めていますね。」と自覚化させることで、習慣化されていることに気づきます。

　最後に、「よい習慣が今後も継続できるためには、どんな働きかけをしますか？」と保護者のブレない関わり方を確認します。

　こうして、子どものよさと自分の関わり方のよさを話した保護者はよい気持ちになります。ハッピーな気分になれるのです。

　すると、「うちの子どもは学校ではどうでしょうか？」という心配事が吹き飛んでいきます。人は楽しいことが多ければ多いほど、心配なことを忘れてしまうのです。よいことが悪いことを凌駕するのです。ちょうど、好きな食べ物の中に少しだけ嫌いなものを入れても、それに気づかず食べてしまうのと同じです。

●コーチングは保護者の意識を変える

　個人面談の目的は、教師と保護者が共に手を取り合って子どもの成長に寄与する方策を考えることです。子どものよさを見つけ、それを伸ばすことを確認する場が個人面談です。

　通常の個人面談は、保護者が「これはどうしたらいいのでしょうか？」と先生に相談し、どう判断・行動したらよいのかを教わろうとしています。つまり、「ティーチング」です。

　それでもよいのですが、保護者は自覚的に子育てをしていません。何となく勘で子どもと接しています。それでもうまくっているのですが、それだけで終わらせず、さらに、コーチングの手法を用いることで、保護者は子育てのコツを意識するようになります。

　現在は、コーチングの手法を生かして、「気づき→意識化→自覚→習慣」となるような働きかけをしています。

105

COLUMN

目的を明確にする

　コーチングが、多くの方に支持されている理由として「目的を明確にするコミュニケーションである」ということが挙げられます。

　普段何気なく行っている自分の行動の目的を明確にしていくことで、目標達成に効率よく近づいていきます。

　たとえば、

　歯は何のために、磨いているのでしょうか？

　朝元気に挨拶をするのは、何のためでしょうか？

　そもそも学級目標って、何のためにつくるのでしょうか？

　学校生活でやっている一つひとつの行動の目的を、一緒に考え明確にしていくことで、子どもたちの積極的な取り組みが増えていきます。

　クラスづくりについてもっとも大切な目的は、先生がどんなクラスづくりをしたいかです。

　あなたは、この１年間で、どんなクラスにしたいと思っていますか？

　あなたが、子どもたちに伝えたいもっとも大切なことを一言でいうと？

　この「目的を明確にしていくこと」が、できるクラスをつくるための大切に軸になります。

　ぜひ、じっくり考えてみてください。

（吉田　忍）

第**5**章

教師のための、コーチング仕事術！

1

第5章　教師のための、**コーチング仕事術！**

多忙感で仕事が
うまくいかないときには？

多忙感の波

　Aさんにどう対応するか、Bさんの家に電話をしなければいけない、提出物がそろわない、配付物の作成ができていない、校内研究の資料をつくらないといけない、授業の準備・教材研究ができていない、今週は出張が3回ある…など、目の前のことにてんやわんやしている間に時間は過ぎていきます。気がつくと学級が壊れているか、体が壊れているか、家庭が壊れているか、心が壊れているかということになってしまいます。**仕事の仕分けをして、心もスッキリさせましょう！**

マトリックスでやりたいことを分析する

　やっていること・やりたいことを、「重要」「簡単」の2軸のマトリックスに分類します。たとえば学級経営で大切にしていることで「自立」「コミュニケーション」「基礎学力」を挙げるとします。さまざまな活動に追われていてもマトリックスに改めてみることで、「重要なことを実現する」ための行動を起こしているかを振り返るきっかけになります。

簡単なことに取り組む

「簡単」も大事なキーワードです。変革が起こしやすいからです。簡単にできることはどんどんやりましょう。「難しい」場合は要素を分解することで、「簡単」にシフトするとことができます。

108

重要・簡単の2軸マトリックス

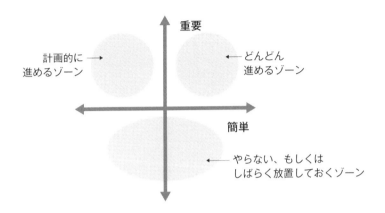

やることが明確だと仕事がはかどる

やることが明確になれば、心理的なストレスが軽減され、能率アップ！

▶ もう1つのマトリックス ◀

仕事には「すぐにやるべき大切なこと」「すぐにやるべきだがあまり大切でないこと」「すぐにはやらなくてもよいが大切なこと」があります。マトリックスで本当に大切なことに取り組みましょう。

2 第5章　教師のための、コーチング仕事術！

忙しいときにもうまく
マネジメントできるコツ

⬡ 目の前のことに追われない

　長縄で3分間に400回跳ばせたい、テストで全員に100点をとらせたい、読み書き・計算をしっかり身につけさせたいが、そのためにはどうしたらよいか。本を読む、先輩に聞く、研究会に参加する、インターネットで調べるなど、さまざまな方法を考え、試行錯誤して…とがんばるときが、誰にでもあるものです。しかし、目の前の結果に固執しすぎると、がんばっているのは先生だけで、子どもの心は冷めているということもあります。

　もっと長いスパンで物事を見ることが、よい結果を生み出すこともあります。

⬡ 何のために取り組むのか

「その先にあることは」を忘れないようにしましょう。目の前のことに追われていると、手段が目的化してしまうことがあります。

　そもそもなぜ長縄を取り組もうと思ったのか。「クラスを団結させたいのか」「達成感を経験させたいのか」「試行錯誤の機会にさせたいのか」「体力向上なのか」「学級経営に効果的と聞いたからなのか」など、今一度考えてみる必要があります。

　ビジョンが明らかになれば、よりよい達成方法、違った選択肢などが見えてきます。ゴールによって、指導での声かけも変わってきます。

やることに固執すると「なぜわかってくれないんだ。」と子どもを責めることに。

目的を明確にすると、子どもの実態に応じた手立てを考えられます。

▶ すべての教育活動も改めて考えてみると ◀

朝の会、給食準備、掃除、帰りの会、授業の進め方、休憩時間の過ごし方などにこの方法が正解ということはありません。それぞれ「その先にあることは」で捉えなおすと、新たな手立てが見つかります。

3 第5章　教師のための、コーチング仕事術！

さらに高い目標を達成するためのコツ

⬡ 自己実現をサポート

　自己実現のために、セルフコーチングを使ってみましょう。自分が自分のコーチになり、自分の問題を解決するという取り組みです。いくつかの自問自答を適宜つなげていくと、うまくいきます。

⬡ 前向きな質問を自らに発する

　自分自身の人柄についてではなく事柄について、目標、原因、理由などを客観的に問いかけるようにします。

　　・何のため？　　・どんな価値がある？　　・何ができる？

　　・何が使える？　　・どうしたい？　　・いつやる？

　　・どれぐらいやる？　　・どこから手をつける？

　　・どんなふうにやる？　　・誰とやる？　　・ほかには？　　・障害は？

　　・確実にできることは？　　・いつまでに？

⬡ セルフコーチングの流れ

①目標を定める　「なぜやるのか」を考え抜く。

②成功イメージを持つ　具体像を認識し、意欲を高める。

③強みを探す　過去の成功体験を再確認する。

④計画を立てる　現状と合わせて方法を検討する。

⑤行動に移す　行動できない場合は①に戻るか④を細分化する。

⑥習慣化する　表、仲間、ご褒美など、サポートシステムをつくる。

✗ やみくもにがんばるだけでは…

「あれもこれも」という中で、自分の本当にやりたいことがわからなくなってしまう。

○ セルフコーチングを意識すると可能性が広がる

意図的計画的に行動ができ、自己実現に一歩ずつ近づいていきます。

▶ **自分に問いかける力** ◀

質問によって問題や行動が規定されます。心配する気持ちから質問を発すれば、不安が増幅されるかもしれません。夢や理想について質問を発すれば、ピンチをチャンスへと変えていけるでしょう。

4 第5章 教師のための、コーチング仕事術!

同僚のグチも建設的な
会話に変えるコツ

⬡ コーチングの流れで会話の舵取りをしよう

コーチングには「コーチングプロセス（3Dの法則)」という流れ
があります。この流れを使って、会話を建設的な方向に変える舵取り
ができます。「3Dの法則」とは、コーチングの基本の「どこへ（目的)」
「どこから（現状)」「どのように（計画)」の頭文字をとったものです。

⬡ 目標の明確化

コーチングは、明確化された目標を達成するために行われるため、
このステップがとても大事です。「クラスにその方針を出すのは何の
ためですか？」「目標を達成することでどんないいことがあると思い
ますか？」と目標を聞くことで、会話が建設的に切り替わることがあ
ります。

⬡ 現状の明確化

スケーリングで現状把握をサポートしましょう！
「目標が達成された状態が100点なら、今の点数は何点ですか？」

⬡ 行動計画の作成

計画し行動することで、目標を達成できます。「今日からできるこ
とは？」「工夫できることは何？」と、アイデアを出します。

互いに可能性を感じる会話ができると、人間関係もよくなります。

> ▶ **時間にも、できることにも限りがある** ◀

うまくいかないときは、すべてがうまくいかないように思えます。そのようなときは、1つだけに課題を絞り、それを突破するようにします。一点突破からほかのものも、改善の方向へと変わっていきます。

5 | 第5章　教師のための、コーチング仕事術！

対話型にすると
研究会も変わる！

◆ 研究授業の準備方法

　指導案の書式に時間をかけ、校内の研究方針に内容を合わせ、その教科やテーマに詳しい人の話に耳を傾け、資料を集めて、掲示をつくっているうちに研究会当日をむかえる…。

　教科の本質、本単元や本時目標、そのための手立ての工夫、授業の見せ場、提案内容まで、十分に深められないまま研究授業が終わることがあります。言われたことをやるだけで時間が過ぎるのはもったいないもの。考える時間をできるだけとれる研究会にしましょう。

◆ 質問だけの研究会

　意見やアドバイス、批判は一切行わず質問だけを行い、答えは自身が考えます。質問により課題を明確にするとともに、自己説得による自発性を高めることもできます。

　「なぜこの本時にしたのですか？」「この本時で生かせる先生の強みは何ですか？」「どのような力が子どもにつきますか？」「授業後子どもはどんな感想を持ちますか？」「何人の子が課題達成困難だと予想しますか？」「全員が達成するにはどのようなアイデアがありますか？」「今日から準備できることは何ですか？」「どうすれば算数が好きになりますか？」

　コツは本時を中心に話し合うことです。もっとも大切な本時を考えていく中で、単元計画や教師の願いにも迫ることができます。

116

▶ 明日に生きる研究会を ◀

最後に一人ひとりが「明日から取り組みたいこと」を発表します。話し合ってよかった、研究会が盛り上がっただけでなく、何を手に入れ、どう動くかを聞き合うことで、教室への還元率が高まります。

6 第5章 教師のための、コーチング仕事術！

タイプ分けで同僚との関わり方がラクになる！

 タイプ分けアプローチ

『図解 コーチング流タイプ分けを知ってアプローチするとうまくいく』（鈴木義幸、ディスカヴァー・トゥエンティワン刊）という本で、人を大きく４つにタイプ分けして把握する方法を紹介しています。**タイプを知ることで、自分とは違う価値観、感じ方、行動のしかたがあることがわかり、ゆとりを持って接することができます。関係を築いていく１つのツールとなります。**

 ４つのタイプ

- **コントローラー**…行動的で、自分が思ったとおりに物事を進めることを好む。他人から指図されることや質問されることを嫌う。教えを請われるのは好き。結論から単刀直入に発言する。競争心旺盛。
- **プロモーター**…人と一緒に活気のあることをするのを好む。細かいことや、理論詰めを嫌う。どんどんアイデアを出すのが好き。大げさにほめられることや注目を浴びることが大好き。
- **サポーター**…他人を援助することを好む。決断を迫られることを嫌う。合意やコミュニケーションを大切にする。結果だけでなく過程や貢献に感謝を伝えるようにする。
- **アナライザー**…行動の際に、多くの情報を集め、分析し、計画を立てる。変更やノリだけの行動を嫌う。データや専門性を評価されることを好む。

●4つのタイプを一言でいうと

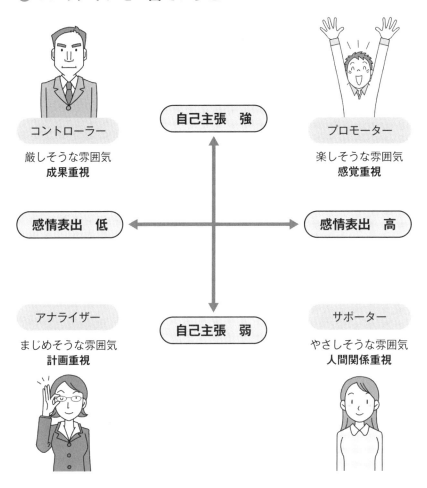

▶ お互いのよさを活用する ◀

タイプ分けは、レッテルを貼りではありません。相手の関心や価値を知るための切り口です。お互いがどう関われば、最大限の力を発揮できるかを考えるためのヒントにしましょう。

第5章 教師のための、コーチング仕事術!

職員室を変革していきたいときには？

● 説得しない

　学級通信を出したい、ワークショップ型授業を行いたい、基礎学力を育む時間を設定したい、有効だと思われる学習方法を広めたいと色々な願いを持ったときに、同僚や管理職の抵抗にあって実現することが困難になることがあります。反対する人に、あの手この手とアプローチしてもうまく進みません。

● 2：8の原則

　どのような集団でも、「賛成2割、どちらでもない6割、反対2割」という比率ができるようです。こうした比率で分類したときに、アプローチすべきは賛成2割です。協力者を見つけましょう。賛成2割が楽しく伸びていく姿を見せることで、どちらでもない6割を巻き込むことができます。8割の支持者を集めることができれば、反対2割へのアプローチは、仲間もしくはムードが行ってくれるようになります。

● アプローチは「いいんですよこれ。」

「〇〇でクラスがまとまりました。」「お時間いただけたら10分ぐらい見に来てくださいませんか。」「一緒に〇〇やりましょう。準備はやります。」。興味関心を持ってもらい、よいなと感じてもらえたら、一気に話を進めます。一方的ではなく双方向で進めると、理解されやすくなります。

✗ 反対する人を説得しようと試みても…

どんなによい実践と思っていても、人によって教育観や手法はさまざま。無理強いしてもうまくいきません。

○ 仲間が増えてくると願いが形になる

やりたいときがやれるとき。「やりたい！」と感じてもらえるアプローチをしましょう！

▶ **1人だけより複数で** ◀

反対されると「自分のクラスだけでこっそり」という気持ちにもなりますが、個人プレーは職員室の人間関係にひずみを生みます。複数のクラスで取り組んだほうが、子どもも保護者も安心します。

実践した先生の体験から

先生同士の関係づくり

田中博司

●なぜコーチングに興味を持ったのか

　学校に勤めていると、先生たちが不満を感じながら、消極的に仕事に取り組んでいる職員室や、子どもたちがやらされている感を醸し出しながら、先生の指示に従うだけの教室に出会うことがあります。

　コーチングの考え方や技法に出会ったときに、これを先生や子どもとの関係づくりに取り入れられれば、もっと自発的、協力的な職員集団や学級集団がつくられるのではないかと感じました。

　とくに先生同士の関係については、新年度、どのクラスを持つかよりも、どの先生と一緒に組むかのほうが気になるというくらい、仕事の中で大きな要素です。コーチングの考えや技法を職員室での関係の中にも取り入れるようにしてからは、先生同士がより良好な関係が築けるようになってきました。その結果、先生も子どもも気持ちよく過ごせる学校づくりにつながっています。

●応援団の担当となって

　ある年の運動会で、応援団を受け持つことになりました。私と一緒に組むのは、前年度担当の若手教諭と今年初めて応援団を受け持つ中堅教諭の3人です。

　自分のクラスの演技や競技に加えて受け持つ応援団は、負担の大きい仕事で、始めていくと「慣れた先生が、1人で仕事を背負わなけれ

ばならない。」「若い先生が任されたものの、何をしていいかわからない。」「方向性の違いから、先生たちの意見が合わなくなる。」。こんな状況がよく生じました。

　そこで、事前に打ち合わせの時間を持ち、まず「今年は、どんな応援団にしたい？　これまでの応援団を振り返って、よいところ、改善したいところはどこかな？」という話をしました。

「もっと全校のみんなが一緒に盛り上がる場面をつくりたい。」「声はよく出しているから、動きに力強さが出るといい。」など、それぞれの思いを出し合い、そこから目指す応援の姿を決めました。

　さらに、「そのためにはどんな活動を進めていこうか？」と問いかけ、「朝練習の時間をもう少し増やせないかな。」「子どもたちとも当日の姿を一緒に思い描けるように話をしよう。」などと、具体的な手立ても話し合いました。

　実際の活動が始まると、慌ただしい中でも最初に共有した目標や方向性に立ち戻ることができ、子どもたちも先生たちも意欲的に活動を進めることができました。

●コーチングを学んで

　教師という仕事は、子どもへの指導技術についてはいつも意識させられますが、大人同士の関係づくりについては、関心が低いかもしれません。でもコーチングは、指導を人と人の関わりとしてとらえるので、子どもとの関係に限らず、先生同士の関係にも生かすことができます。

　最近の学校では、子どもたちの多様化に伴い、先生たちの組織的な対応が求められています。教師の子どもとの関わり方も、尊重関係が大切にされるようになってきました。相手との対話や関係性を大事にしたコーチングの必要性が、さらに高まっていくように感じています。

実践した先生の体験から

将来のビジョンを持つことで新たな夢が！

目黒準弥

●無意識に行っていたコミュニケーションを意識化したい

　私がコーチングに興味を持ったのは、子どもとのコミュニケーションにおけるスキルを身につけたいと思ったからです。

　私たちが無意識に行っていることが、よくも悪くもコミュニケーションとして子どもたちに何かメッセージを伝えてしまっているのなら、そのコミュニケーションについて知りたい、さらには向上させたいと思い、コーチングを学び始めました。

●「待つ」ことの偉大さ

　コーチングを学んで私自身が大きく変わったことは、子どもを待つことができるようになったことです。そして私は、これまで子どもたちが口にできなかった想いを聞くことができるようになりました。

　コーチングは双方向性のコミュニケーションが大切だということで、子どもと関わるときに一方的にならないよう意識しました。不思議なことに、私が待つ意識を持ち子どもと関わっていくにつれて、子どもたちも自分の想いを「話せる」ように変わっていったのです。

　教師のふるまいが変わると、学級も穏やかに落ち着いた雰囲気に変わっていき、改めて対話する大切さを学びました。

●ビジョンメイキング

　私には、夢があります。それは、30年後に教え子と一堂に会して、パーティーをすることです。この夢が生まれたのは、コーチングセミナーの中で「ビジョン（目標）を設定する」ということを教わったときでした。セミナーでは、自分の大切にしている価値観をもとに、未来のありたい姿を考えました。さらにありたい姿だけでなく、持っているもの、していること、一日の流れなどを、参加者の方と対話して、ビジョンを具体的に明確にしていきました。

　その結果、初めは、白黒写真のようだったイメージが、まるでビデオ映像のようにワクワクしたイメージへと膨らんでいきました。

　ビジョンを明確にするということで何が変わったのか。それは、私の教育方針が明確になったということです。子どもたちが大人になって、パーティーで再会したときに、生き生きとしていて欲しい、気持ちのよい人であって欲しいというように、教育活動の視点を将来から逆算して見るようにもなりました。学習面や生活面でも、大人になった姿をイメージして声をかけるようにしています。

　ビジョンを設定する中で学んだことは、ぼんやりとしたイメージをより具体的にすることで、目標を達成したくなる気持ちが高まるということでした。その気づきから、学級目標を決める際も、「３月のクラスは、どんな言葉が飛び交っていたらいい？」とか「３月の教室の様子はどんな感じで見えているかな？」という質問を投げかけ、子どもたちから出てきたイメージから決めました。

　完成したビジョンはそこで終わりではなく、子どもたちや保護者にも伝えることによりさらに具体的になりました。また、コーチングのセミナーに参加して、ときどき振り返り修正していく中で、まだまだビジョンを進化させていく予定です。そして必ずビジョンを実現できるようこれからも精進し、子どもたちと関わっていきたいと思ってます。

あとがき

　私は以前、「よりよい授業をしたい」「よりよい学級をつくりたい」という思いで、本を読み、セミナーや学校公開に足しげく通っていました。「ああそうだったのか。こうすればいいのか。月曜日はこうしよう。」と、さっそく教室で実践します。

　しかし、思うようにうまくはいきません。
「この方法ではダメだ。何かほかにいい方法はないかな。なに、○○メソッドだって。面白そうだな…。」

　学ぶことによってよくなることもあります。それと同時に、いやそれ以上に悪くなってしまうこともありました。
「なんで子どもたちはやらないんだ。やる気が感じられない。」

　一方的な思いだけで空回り。新たな実践をよいと思うからこそ子どもに押しつけてしまい、逆に反発を受けてしまうことも…。

　今は新しい情報が入ってきたときに、一度立ち止まります。
「この実践をどうすれば子どもたちが意欲的に取り組むことができるだろう。」

　同じ実践でも指導の方法によって、効果が変わってきます。「どうやって意欲を高めていくか」、そのヒントが「コーチング」にあります。

　本書では、吉田忍コーチのもと、全国の先生方と一緒に「先生のためのコーチング」を考え、研究してきたものをまとめました。全国の子どもたち、そして先生のやる気と笑顔につながれば幸いです。

　執筆にあたり多くの方々にお力添えをいただきました。コーチングサークルの仲間、校内の先生方、家族、そして子どもたち、さらに最後まで読んでいただいたあなたに、心から感謝します。ありがとうございました。

山田将由

共著者紹介（50音順）

伊藤泰明（いとう　やすあき）

1979年神奈川県生まれ。社会人を経て、横浜市公立小学校に勤務。コーチングを生かした子どもの主体性を引き出す学級づくりをしたいと日々奮闘中。また、協同学習、『学び合い』やPAなど、子ども同士の関わり合いをとおした実践を研究している。（第1章章末の実践例を執筆）

岡本英里（おかもと　えり）

1983年東京都生まれ。東京都公立小学校時間講師。教員経験5年目にコーチングと出会い、コーチングを学びながら、「お互いを認め合い、居心地のいいクラスづくり」を目指し、子どもが主体になる指導や教材づくりを行っている。（第2章章末の実践例を執筆）

城ヶ﨑滋雄（じょうがさき　しげお）

1957年生まれ。鹿児島県公立小学校講師。生徒指導にコーチングを取り入れ「ぶつからない・戦わない指導」を実践し、教育・子育て雑誌を通して発信中。著書に、『教師3年目までに身につけたい！子どもが動く叱り方のルール』、『学級崩壊の原因はそこだった！「気にならない子」を気にとめる、見落とさない指導法！』（共に学陽書房）など多数。（第4章章末の実践例を執筆）

田中博司（たなか　ひろし）

1970年東京都生まれ。東京都公立小学校主幹教諭。特別支援教育コーディネーター。特別支援教育士。通常学級での特別支援教育に関心をもち、インクルーシブな教室作りに励んでいる。東京コーディネーター研究会研究部長。主な著書に「特別支援教育コーディネーターの仕事スキル」「通常の学級特別支援教育の極意」（明治図書）他。（第5章章末の実践例を執筆）

西野宏明（にしの　ひろあき）

元小学校教員。JICA青年海外協力隊員として南米パラグアイに赴任後、現地の教育機関で学校改革、教員研修に努める。帰国後、民間の開発コンサルティング会社で政府開発援助事業をとおして、途上国の支援に携わる。現在、地元八王子市で児童発達支援・放課後等デイサービスを経営。教育書を4冊出版し、共著や雑誌原稿にも多数執筆。（第3章章末の実践例を執筆）

原田千尋（はらだ　ちひろ）

1988年神奈川県生まれ。愛知県公立小学校、横浜市公立小学校勤務を経て、現在はプロ家庭教師として教育に携わる。コーチングや心理学を生かし、一人一人の子どもやご家庭に寄り添う指導を実践。（第2章章末の実践例を執筆）

目黒準弥（めぐろ　じゅんや）

1987年秋田県生まれ。横浜市立小学校教諭。奈良県公立小学校で2年間勤務。現在、横浜市公立小学校で勤務。コーチングを生かした学級経営を日々実践中。教員サークル「教員ドットコム」で仲間とともに学んでいる。（第5章章末の実践例を執筆）

編著者紹介

吉田　忍（よしだ　しのぶ）

1972年東京都生まれ。大手企業の管理職を歴任後、ビジネスコーチとして約17000人の組織リーダーをコーチし、多くの企業の組織開発をサポートしている。教育NPO「いきはぐ」では先生へのコーチングやウェルビーイングな学校づくりを全国の学校や教育委員会と一体となり広げている。（新装版まえがき、第1章、第1～4章の章末コラムを執筆）

山田将由（やまだ　まさよし）

1979年広島県生まれ。横浜市公立小学校勤務。模擬授業全国大会にて2度の優勝。ミニネタ、徹底反復、ワークショップ型授業、コーチング、脳科学、幸福学を取り入れた授業づくり・学級づくりを研究し、簡単で効果のある楽しい教育メソッドを日々深めている。（第2～5章、あとがきを執筆）

新装版
トップ1割の教師が知っている「できるクラス」の育て方

2014年10月24日　初版発行
2024年10月8日　新装版　初版発行

編著者──────吉田　忍・山田　将由

発行者──────佐久間重嘉

発行所──────学 陽 書 房

　　　　　　　　〒102-0072　東京都千代田区飯田橋1-9-3

営業部──────TEL 03-3261-1111／FAX 03-5211-3300

編集部──────TEL 03-3261-1112

　　　　　　　　http://www.gakuyo.co.jp/

カバーデザイン／能勢明日香（ステラ）　イラスト／内野しん
本文デザイン／岸　博久（メルシング）　本文DTP制作／越海辰夫
印刷・製本／三省堂印刷

© Shinobu Yoshida, Masayoshi Yamada 2024, Printed in Japan.
ISBN 978-4-313-65287-3 C0037
乱丁・落丁本は、送料小社負担にてお取り替え致します。